L'Évacuation

DES

Territoires occupés

par l'Allemagne

dans le Nord de la France

FÉVRIER-MARS 1917

PAR

PAUL FAUCHILLE

DIRECTEUR DE LA « REVUE GÉNÉRALE DE DROIT INTERNATIONAL PUBLIC »

MEMBRE DE L'INSTITUT DE DROIT INTERNATIONAL

MEMBRE CORRESPONDANT DE L'INSTITUT AMÉRICAIN DE DROIT INTERNATIONAL

LIBRAIRIE

DE LA SOCIÉTÉ DU

RECUEIL SIREY

LÉON TENIN, Directeur

22, rue Soufflot, PARIS, 5ᵉ

1917

L'Évacuation
des Territoires occupés par l'Allemagne
dans le Nord de la France

(Février-Mars 1917)

Comité pour la Défense du Droit International

Président :

M. **Louis Renault**, membre de l'Institut, professeur de droit international à la Faculté de droit de l'Université de Paris et à l'Ecole libre des Sciences politiques, membre de la Cour d'arbitrage de La Haye, ancien président de l'Institut de droit international.

Membres :

MM. **Barthélemy, de Lapradelle, Larnaude, Leseur, Piédelièvre, Pillet, Souchon, Weiss,** de la Faculté de droit de Paris ;

Bry, Jourdan, Ségur, de la Faculté d'Aix ;

Gérard, Larcher, Mallarmé, Morand, de la Faculté d'Alger :

De Boeck, de la Faculté de Bordeaux ;

Cabouat, de la Faculté de Caen ;

Delpech, Gaudemet, Scelle, de la Faculté de Dijon ;

Basdevant, de la Faculté de Grenoble ;

Lameire, Lévy, Pic, de la Faculté de Lyon ;

Moye, Valery, de la Faculté de Montpellier ;

Chrétien, de la Faculté de Nancy ;

Audinet, de la Faculté de Poitiers ;

Gidel, de la Faculté de Rennes ;

Mérignhac, Rouard de Card, de la Faculté de Toulouse ;

Bureau, professeur à la Faculté libre de droit de Paris.

(Les professeurs dont les noms précèdent enseignent ou ont enseigné le droit international.)

Clunet, avocat à la Cour de Paris, directeur du *Journal du droit international* ;

Dupuis, professeur de droit des gens à l'Ecole libre des Sciences politiques ;

Fauchille, directeur de la *Revue génerale de droit international public.*

L'Évacuation

DES

Territoires occupés

par l'Allemagne

dans le Nord de la France

FÉVRIER-MARS 1917

PAR

PAUL FAUCHILLE

DIRECTEUR DE LA « REVUE GÉNÉRALE DE DROIT INTERNATIONAL PUBLIC »

MEMBRE DE L'INSTITUT DE DROIT INTERNATIONAL

MEMBRE CORRESPONDANT DE L'INSTITUT AMÉRICAIN DE DROIT INTERNATIONAL

———✳———

LIBRAIRIE

DE LA SOCIÉTÉ DU

RECUEIL SIREY

LÉON TENIN, Directeur

22, rue Soufflot, PARIS, 5e

1917

L'Évacuation

des Territoires occupés par l'Allemagne
dans le Nord de la France
(Février-Mars 1917)

A la date du 24 février 1917, le communiqué de l'Etat-Major britannique annonçait que « les Allemands évacuaient une série de positions importantes sur les deux rives de l'Ancre. » (1) Et, le 17 mars, le bulletin de l'Etat-Major français signalait que « au nord de l'Oise, l'ennemi, refusant la bataille, abandonnait les lignes puissamment et savamment fortifiées qu'il tenait depuis plus de deux ans. » (2)

Etait-ce contrainte et forcée, sous la pression des forces alliées de la France et de la Grande-Bretagne, pour échapper à leurs attaques ou à leurs menaces, que l'Allemagne faisait ainsi, en territoire français, rétrograder ses troupes sans combat ? Il est permis de le penser. Mais le gouvernement germanique, en avouant le recul de ses armées, a prétendu, dans ses communiqués des 18 et 19 mars, (3) que l'abandon aux Anglais et aux Fran-

---

(1) Le *Temps* du 26 février 1917, p. 1.

(2) Le *Temps* du 19 mars 1917, p. 1.

(3) Le *Temps* du 20 mars 1917, p. 1. — Le gouvernement avait, dès le début du mois, cherché, par la voie de la presse, à expliquer le repli de ses troupes sur le front britannique. A propos de la retraite allemande sur l'Ancre, la *Gazette de Cologne*, notamment, écrivait à la date du 3 mars 1917 : « C'est la conséquence d'une mesure qui a été volontairement prise par le haut commandement et fut exécutée sans que l'ennemi y eut une part quelconque ». La même version fut donnée par les dépêches envoyées de Berlin aux Etats-Unis par des correspondants germano-américains. V. le *Temps* du 4 mars 1917, p. 4.

çais d'une large bande de terrain entre Arras et l'Aisne avait eu lieu « par ordre » et « volontairement », sans que l'ennemi y eût une part quelconque ; et, peu après, entrant dans des explications plus précises, il affirma que c'était « conformément à ses plans » que le repli s'était produit : il s'agissait d'une retraite « stratégique », qui, en assurant un rassemblement plus nombreux des forces combattantes et en menant à des positions inexpugnables, choisies et organisées à l'avance, devait arrêter définitivement l'adversaire et l'acculer à une bataille qui serait pour lui la défaite décisive. (1)

Quelles qu'aient été les causes véritables du recul allemand, un fait tout au moins est certain. Ce recul, commencé respectivement à la fin de février et vers le milieu de mars, a continué, sur chaque front, d'une manière ininterrompue, si bien qu'aux derniers jours du mois de mars, lorsqu'il fut arrêté, plus du dixième du territoire français précédemment envahi se trouva complètement libéré : entre l'Ancre et l'Aisne, le front germanique, qui passait approximativement par Bapaume, Péronne et Noyon, était reporté désormais jusqu'aux alentours de Cambrai, de Saint-Quentin et de La Fère.

Quels sont les principes de droit qui s'imposaient aux armées allemandes dans leur dernier contact avec les régions où pendant plus de trente mois elles avaient exercé la domination? Les soldats de Guillaume II se sont-ils conformés à ces principes, leur témoignant le respect que doivent avoir pour les règles de la loi internationale les troupes d'un Etat civilisé ?

(1) V. dans le *Temps* du 21 mars 1917, p. 2, le texte du communiqué de l'Etat-Major allemand, ainsi que des extraits des journaux germaniques sur les causes du recul. V. encore les commentaires de la presse allemande rapportés dans le *Temps* du 23 mars 1917, p. 1.

Les principes du droit des gens

Le 29 juillet 1899, vingt-six Etats et, le 18 octobre 1907, quarante-quatre Etats apposèrent à La Haye leur signature au bas d'une convention concernant les lois et coutumes de la guerre sur terre, dont un ensemble de dispositions déterminait les droits de l'autorité militaire sur le territoire de l'Etat ennemi. Les articles 46, 47, 53, 55 et 56 des règlements annexés à ces deux conventions disposaient, en effet, dans les termes suivants :

« ART. 46. — L'honneur et les droits de la famille, la vie des individus et la propriété privée, ainsi que les convictions religieuses et l'exercice des cultes, doivent être respectés.

« La propriété privée ne peut pas être confisquée. »

« ART. 47. — Le pillage est formellement interdit. »

« ART. 53. — L'armée qui occupe un territoire ne pourra saisir que le numéraire, les fonds et les valeurs exigibles appartenant en propre à l'Etat, les dépôts d'armes, moyens de transport, magasins et approvisionnements et, en général, toute propriété mobilière de l'Etat de nature à servir aux opérations de la guerre.

« Tous les moyens affectés sur terre, sur mer et dans les airs à la transmission des nouvelles, au transport des personnes ou des choses, en dehors des cas rég. par le droit maritime, les dépôts d'armes et, en général, toute espèce de munitions de guerre, peuvent être saisis, même s'ils appartiennent à des personnes privées, mais devront être restitués, et les indemnités seront réglées à la paix. » (1)

(1) Le texte de ce second paragraphe de l'article 53 est d'une rédaction un peu différente dans le règlement de 1899.

« ART. 55. — L'Etat occupant ne se considérera que comme administrateur et usufruitier des édifices publics, immeubles, forêts et exploitations agricoles appartenant à l'Etat ennemi et se trouvant dans le pays occupé. Il devra sauvegarder le fonds de ces propriétés et les administrer conformément aux règles de l'usufruit. »

« ART. 56. — Les biens des communes, ceux des établissements consacrés aux cultes, à la charité et à l'instruction, aux arts et aux sciences, même appartenant à l'Etat, seront traités comme la propriété privée.

« Toute saisie ,destruction ou dégradation intentionnelle de semblables établissements, de monuments historiques, d'œuvres d'art et de science, est interdite et doit être poursuivie. »

A la date du 20 juin 1907, les vingt-six Etats qui avaient pris part à l'élaboration du règlement de 1899 l'avaient ratifié. Mais des quarante-quatre puissances qui signèrent le règlement du 18 octobre 1907, vingt-cinq seulement le ratifièrent. (1) Parmi ces dernières figura l'Empire allemand : celui-ci, qui avait le 4 septembre 1900 donné son approbation à l'accord de 1899, ratifia le 27 novembre 1909 la convention de 1907. Doit-on cependant le considérer comme lié par ces actes diplomatiques dans la guerre qu'en 1914 il déchaîna sur le monde ?

L'article 2 de la convention de 1907 stipule que les textes du règlement du 18 octobre « ne sont applicables qu'entre les puissances contractantes et seulement si les belligérants sont *tous* parties à la convention. » Or, dans la guerre de 1914, plusieurs des puissances belligérantes,

(1) V. dans James Brown Scott, *The Hague Conventions and Declarations of 1899 and 1907*, New-York, 1915, Oxford University Press, édit., p. 229 et 235, les tableaux des signatures, ratifications, adhésions et réserves concernant les conventions de La Haye de 1899 et de 1907.

— la Serbie, le Monténégro, la Turquie, l'Italie et la Bulgarie, — si elles ont signé cette convention, ne l'ont pas ratifiée et ainsi n'y ont pas été réellement « parties. » L'Allemagne a donc essayé de soutenir qu'elle n'était pas soumise aux règles formulées à La Haye le 18 octobre 1907. Au fond, sa prétention ne saurait être acceptée. Les prescriptions adoptées en 1907 — pas plus d'ailleurs que celles admises en 1899 — n'ont pas été des prescriptions *nouvelles*, elles ont été simplement l'expression de principes antérieurement consacrés par l'usage : ce qui a été nouveau en 1907 — comme en 1899 — a été uniquement leur codification, leur coordination dans un texte conventionnel. Ce sont en réalité les *textes* de la convention et du règlement, mais non pas les *prescriptions* édictées par eux, qui sont inopposables à l'Allemagne : celle-ci, par le fait de la coutume, doit observer les règles que ces textes ont expressément définies.

S'il était vrai que l'Empire allemand pût échapper aux principes de justice et d'humanité exprimés dans la convention de 1907, il ne saurait en tout cas se soustraire à ceux qu'à édictés la convention de 1899. Car, à défaut des accords de 1907, ceux de 1899 lui sont incontestablement applicables. L'Allemagne les a ratifiés, et tel est aussi le cas de toutes les puissances actuellement en guerre, notamment de la Serbie, du Monténégro, de la Turquie, de l'Italie et de la Bulgarie. Avant 1907, tous ces Etats se trouvaient dès lors engagés les uns envers les autres par les prescriptions du règlement de 1899. L'apparition de la convention de 1907 a-t-elle pu supprimer ces engagements ? Il serait inexact de le soutenir. L'article 4, alinéa 1er, de l'accord du 18 octobre 1907 déclare que « la présente convention (celle de 1907) remplacera, *dans les rapports entre les puissances contractantes*, la convention du 29 juillet 1899 concernant les lois et coutumes de la guerre sur terre. » Qu'est-ce à dire, sinon

que la convention de 1899 est demeurée obligatoire :
1° pour les puissances dont aucune n'a été partie à la
convention de 1907 ; 2° pour les puissances dont les unes
ont participé et les autres n'ont pas participé à cette convention : c'est en effet uniquement dans les rapports
entre les puissances *contractantes* que l'acte de 1907 doit
remplacer celui de 1899. Si l'alinéa 1er ne devait pas recevoir cette interprétation, il faudrait alors admettre que
le cas d'une guerre entre Etats participants et Etats non
participants à l'accord de 1907 n'aurait pas été prévu par
la convention. Or, une pareille conclusion est bien in-
vraisemblable. L'accord a admis expressément l'application de la convention de 1907 aux rapports de puissances ayant *toutes* ratifié cette convention et l'application de la convention de 1899 aux rapports de puissances
dont *aucune* n'a ratifié l'acte de 1907 ; comment supposer qu'il n'ait pas voulu trancher, fût-ce indirectement,
l'hypothèse où les relations existent entre des Etats contractants et des Etats non contractants ? Un pareil si-
lence ne permettrait pas de résoudre une situation qui,
l'expérience l'a montré, devait naturellement se produire. En définitive, lorsqu'un Etat qui a accepté la convention de 1899 a ratifié celle de 1907, il n'a entendu
renoncer à l'application de la première que si la seconde
devait lui être substituée, donc dans ses seuls rapports
avec des pays pour lesquels celle-ci était obligatoire. (1)
Au sujet de l'application respective des conventions de
La Haye de 1899 et de 1907, il n'est pas, au surplus, sans
intérêt de rappeler ce que M. Louis Renault a dit, dans le
rapport général qu'il a présenté à Genève, en 1906,
sur l'application respective des conventions de Genève
du 22 août 1864 et du 6 juillet 1906 touchant le sort des
militaires blessés ou malades. La convention de Genève

---

(1) V. pour plus de détails, Paul Fauchille, *Les attentats allemands
contre les biens et les personnes en Belgique et en France*, dans la
Revue générale de droit international public, t. XXII (1915), p. 403 et suiv.

du 6 juillet 1906, dont l'article 24 (1) est analogue à l'article 2 de l'accord de La Haye du 18 octobre 1907, contient un article 31 absolument identique à l'article 4 de l'accord de La Haye : « La présente convention, dûment ratifiée, dispose en effet l'article 31, remplacera la convention du 22 août 1864 dans les rapports entre les Etats contractants. La convention de 1864 reste en vigueur dans les rapports entre les parties qui l'ont signée et qui ne ratifieraient pas également la présente convention. » Or, le rapporteur général a donné de cet article 31 l'interprétation suivante : « *Combinaison des deux conventions de Genève.* La convention que nous allons signer est destinée à remplacer la convention de 1864 ; mais la substitution de l'une à l'autre ne peut pas se faire instantanément. Pour deux Etats ayant également ratifié la convention à signer, la convention de 1864 cessera d'exister ; *pour deux Etats ayant également signé la convention de* 1864, MAIS DONT L'UN D'EUX AURAIT SEUL SIGNÉ ET RATIFIÉ LA NOUVELLE CONVENTION, *la convention de 1864 reste la règle de leurs rapports.* C'est l'application des principes généraux et c'est spécialement conforme à l'article 24. » (2) Ainsi M. Louis Renault a nettement prévu dans son rapport le cas d'une guerre qui met en présence deux puissances, dont l'une a ratifié les deux conventions de Genève de 1864 et de 1906 et l'autre a accepté la convention de 1864 mais n'a point ratifié celle de 1906 ; et, pour ce cas particulier, il a déclaré expressément que, dans les relations des deux puissances, à défaut de la convention de 1906, la convention de 1864 demeurera applicable. Pourquoi le même cas devrait-il être résolu d'une manière différente en ce qui concerne les conventions de La Haye de 1899 et de 1907, alors que les clauses diplomatiques de la convention de 1907 sont

(1) V. ce texte plus loin, p. 19.

(2) *Actes de la Conférence de revision reunie à Genève du 11 juin au 6 juillet 1906*, Genève, 1906, Jarrys, imprim., p. 267.

semblables à celles de la convention de Genève du 6 juillet 1906 ? Si l'Empire allemand n'est pas lié par l'accord de La Haye du 18 octobre 1907, il doit donc tout au moins être obligé par celui du 29 juillet 1899.

Mais il y a mieux encore. Fût-elle dégagée tout à la fois des conventions de 1899 et de 1907, l'Allemagne ne serait pas pour cela dispensée d'appliquer les principes que ces conventions ont formulés touchant l'occupation du territoire ennemi. En effet, ainsi que nous l'avons dit déjà (1), ces principes ne sont pas autre chose que la consécration des usages établis entre les nations civilisées. Or ces usages, qui constituent le droit non écrit, s'imposent aux Etats au même titre que le droit conventionnel. Et, pour que ceux-ci soient liés par les règles de la coutume, il n'est pas nécessaire qu'ils leur aient donné formellement leur accession. (2) A plus forte raison sont-ils obligés par elles quand ils en ont reconnu l'existence dans une loi nationale, destinée à en assurer l'application sur le territoire soumis à leur souveraineté. (3) Tel était précisément le cas de l'Allemagne. Cette puissance a exprimé de la manière la plus précise dans les dispositions de ses décisions intérieures les règles du droit coutumier en matière d'occupation. On les trouve tout entières dans le Manuel sur les lois de la guerre continentale (*Kriegsbrauch im Landkriege*), que son grand Etat-Major général a publié en 1902. Ce Manuel contient, sur le droit de la guerre relatif au pays ennemi et à ses habitants, les prescriptions suivantes :

« Les principes relatifs aux rapports entre les habitants paisibles des pays occupés et l'armée occupante ont changé du tout au tout au cours du dernier siècle. Tandis

---

(1) V. ci-dessus, p. 9.

(2) Bonfils-Fauchille, *Manuel de droit international public*, Paris, 1914, Rousseau, édit., 7° édit., n° 48.

(3) Bonfils-Fauchille, *op.* et *loc. cit.*

que, dans des temps plus anciens, la dévastation du pays ennemi, la destruction des propriétés et, dans certains cas, l'exode des habitants emmenés en servitude ou en captivité étaient considérés comme des conséquences toutes naturelles de la guerre ; que, plus tard, un traitement plus doux était appliqué à la population, mais que la destruction et l'anéantissement subsistaient comme moyens capitaux de guerre ; que le droit de butin sur la propriété privée des habitants demeurait complètement illimité, — la conception actuellement prépondérante a cessé de considérer l'habitant du pays envahi comme un ennemi. Il est considéré comme un homme pourvu de droits, que le caractère exceptionnel de l'état de guerre soumet à de certaines restrictions, charges et mesures de coercition, et est obligé à une obéissance provisoire vis-à-vis d'un pouvoir de fait, mais, pour le surplus, il peut vivre à l'abri des vexations et comme en temps de paix sous la protection des lois. » (1)

« Les habitants du pays occupé ne doivent être molestés ni dans leur corps ni dans leurs biens, non plus que dans leur honneur et leur liberté.

« Tout meurtre injustifié, toute vexation dolosive ou due à la négligence, toute lésion, tout trouble à la paix domestique, toute atteinte à la famille, à l'honneur, aux bonnes mœurs et, en général, toute attaque ou violence criminelle ou contraire au droit sont aussi punissables que s'ils avaient pour objet des habitants du pays de l'envahisseur.

« C'est un droit des habitants du pays ennemi que cet envahisseur ne soit autorisé à apporter des restrictions à leur liberté individuelle que lorsque les nécessités de la guerre l'exigent absolument, et que toute vexation

____

(1) *Kriegsbrauch im Landkriege*, traduction française de Paul Carpentier, édition de 1916, Paris, Payot, édit., p. 103-104.

inutile et allant au delà de ces nécessités doit leur être épargnée ». (1)

Et, plus loin, le Manuel déclare :

« De ce que, d'après les principes actuellement admis du droit des gens et des lois de la guerre, les Etats seuls, et non les particuliers, se trouvent en état d'hostilité, il résulte que tout ravage arbitraire d'un pays et toute destruction de propriétés privées, et d'une façon générale tout préjudice inutile, c'est-à-dire non commandé par les nécessités de la guerre, porté à la fortune de l'étranger, est contraire au droit des gens. Tout habitant du pays occupé doit donc être protégé dans sa personne et dans ses biens. Sont dès lors interdits toutes destructions, tous ravages, tout incendie, toute dévastation du pays ennemi. Le militaire qui se rend coupable de ces faits doit être puni comme criminel en vertu des lois applicables. » (2)

« Il ne subsiste plus aujourd'hui de droit d'appropriation de ce qui appartient à l'étranger, ni de droit au butin et au pillage. » (3)

« La propriété privée mobilière, qui était considérée jadis comme le butin du vainqueur est aujourd'hui inviolable. On considérera donc comme un vol criminel et punissable, suivant les circonstances qui l'ont accompagné, l'enlèvement d'argent, de montres, de bijoux, de tous objets de valeur. » (4)

« Le pillage est le pire moyen d'appropriation du bien de l'étranger. On comprend sous ce nom le fait de dépouiller l'habitant par la terreur ou l'abus de la force militaire. L'élément constitutif de ce crime réside donc dans la circonstance que son auteur s'est approprié en présence des propriétaires intimidés, sans défense et sans

(1) *Op. cit.*, p. 104-105.
(2) *Op. cit.*, p. 120-121. ·
(3) *Op. cit.*, p. 127.
(4) *Op. cit.*, p. 131.

résistance, des objets qu'il ne peut utiliser pour lui-même, tels que des vivres, des vêtements, etc. Il n'y a pas pillage mais vol dans l'enlèvement d'objets dans des maisons inhabitées ou dont le propriétaire était absent au moment même où l'acte a été commis. Le droit des gens contemporain condamne le pillage en quelques circonstances qu'il ait lieu. Il faut réprimer de la façon la plus sévère la prise illicite du butin, le pillage, les exactions et toutes autres violations de la propriété. » (1)

Ce n'est toutefois, aux yeux de l'Allemagne, que dans les luttes entre nations civilisées que de tels principes doivent être suivis. Car le Manuel ajoute :

« Il va sans dire qu'il ne s'agit ici que de guerres entre nations civilisées : jusqu'à nos jours, on n'a pas cru devoir pousser très loin, vis-à-vis de peuples barbares ou sauvages, l'humanité et les ménagements, et il est impossible d'ailleurs d'agir contre eux autrement qu'en ravageant leurs semailles, en emmenant leurs troupeaux, en prenant des otages, etc... » (2)

En disposant dans leurs articles 46 et 56 que l'armée qui occupe un territoire ennemi est tenue de respecter la propriété privée et les biens des établissements consacrés à la charité, même appartenant à l'Etat, et qu'elle ne peut saisir, détruire ou dégrader intentionnellement de semblables établissements, les accords de La Haye de 1899 et de 1907 ont reconnu par là même que cette armée a l'obligation de respecter les hôpitaux affectés par l'Etat ou par des particuliers au service des militaires blessés ou malades, ainsi que les objets, propriété de l'Etat ou propriété privée, qui servent pour l'hospitalisation. (3)

Mais la protection dont doivent bénéficier ainsi ces

(1) *Op. cit.*, p. 133.
(2) *Op. cit.*, p. 121, note 1.
(3) V. Huber, *La propriété publique en cas de guerre sur terre*, dans la

hôpitaux et leur matériel avait déjà, avant les actes de
1899 et de 1907, fait l'objet de dispositions convention-
nelles. Des conventions avaient été, en effet, signées successivement à Genève, le 22 août 1864 et le 6 juillet 1906,
« pour l'amélioration du sort des blessés et malades dans
les armées en campagne. » Ces conventions furent, du
reste, maintenues expressément par les actes de La
Haye, car ceux-ci ont pris soin de stipuler dans leurs
articles 21 que « les obligations des belligérants concernant le service des malades et des blessés sont régies par
la convention de Genève. »

Or les principes des conventions de Genève afférents à
la situation des établissements affectés aux soins des militaires blessés ou malades étaient les suivants :

1° *Convention du 22 août 1864. —* Art. 1er.
— Les ambulances et les hôpitaux militaires seront
reconnus neutres et, comme tels, protégés et respectés·
par les belligérants, aussi longtemps qu'il s'y trouvera
des malades et des blessés. »

« Art. 4. — Le matériel des hôpitaux militaires
demeurant soumis aux lois de la guerre, les personnes
attachées à ces hôpitaux ne pourront, en se retirant,
emporter que les objets qui seront leur propriété particu-
lière. Dans les mêmes circonstances, au contraire, l'ambulance conservera son matériel. »

Ces deux articles, en parlant seulement des hôpitaux
« *militaires,* » paraissent avoir voulu exclure les hôpitaux
civils de l'Etat et ceux appartenant à des sociétés de
secours, mis par elles à la disposition du belligérant. Il
n'y a là toutefois qu'une apparence. L'exclusion implici-
tement contenue dans les articles 1 et 4 de la convention
de Genève est due à une simple faute de rédaction : en
1864 il a été formellement convenu que les hôpitaux non

militaires seraient également protégés. (1) La pratique a
d'ailleurs toujours admis l'immunité de tout hôpital
quelconque et de son matériel. (2) L'erreur de rédaction
commise en 1864 est au surplus aujourd'hui sans importance, puisque, s'il s'agit d'un hôpital d'une Société de
secours, il doit bénéficier de la règle de l'inviolabilité de
la propriété privée dans la guerre sur terre et que, s'il
s'agit d'un hôpital civil de l'Etat, il doit jouir du même
traitement, en vertu des articles 46 et 56 des règlements
de La Haye.

L'article 1ᵉʳ semble encore apporter une autre
restriction à la règle de protection qu'il indique. Il dispose effectivement que les ambulances et les hôpitaux
seront inviolables et devront être respectés « *tant qu'il s'y
trouvera des malades et des blessés.* » N'est-ce pas dire
qu'un hôpital ou une ambulance sera susceptible de cap-
ture et pourra être utilisé pour une autre destination,
que le bâtiment où il est installé pourra être détruit ou
saccagé, s'il n'y existe pas actuellement des malades ou
des blessés ? Une pareille solution est inadmissible. L'interprétation littérale de l'article 1ᵉʳ serait contraire
à l'esprit de la convention qui veut que les établissements
sanitaires soient respectés et protégés, ne soient pas
détournés de leur destination. Il faut tout au moins
interpréter les mots du texte « tant qu'il s'y trouvera des
malades et des blessés », comme s'il y avait « tant qu'il
y aura des malades et des blessés pouvant y être soignés »,
c'est-à-dire tant qu'il y aura des blessés aux environs,
blessés que le service sanitaire doit relever et qu'il con-
duira normalement à l'endroit tout désigné d'avance pour
les recevoir, autrement dit à l'ambulance ou à l'hôpital.

(1) Protocole de 1864, p. 31.
(2) V. Gillot, *La revision de la Convention de Genève*, Paris, 1902, Rousseau, édit., p. 251 ; Paul Fauchille et Nicolas Politis, *Manuel de la Croix
Rouge*, Paris, 1908, Société française d'imprimerie et de librairie, édit.,
p. 41.

2

Aussi bien, la restriction est demeurée sans portée dans la pratique, car celle-ci a toujours reconnu l'immunité des établissements sanitaires *en toutes occasions*. (1) S'il fallait admettre qu'un belligérant pût s'emparer d'une installation sanitaire où il n'y a ni blessés ni malades pour l'occuper à sa guise, on ne saurait en tout cas, depuis 1899 et 1907, l'autoriser, en dehors d'une nécessité militaire impérieuse nettement établie, à la détruire ou à la dévaster : appartenant à un particulier, cette installation, avec son matériel, doit être respectée comme toute propriété privée, et, appartenant à l'Etat, elle doit demeurer intacte dans sa substance, aux termes des articles 46 et 56 des règlements de La Haye.

Quoi qu'il en soit, les deux limitations qui se rencontraient dans l'accord de Genève du 22 août 1864 ont entièrement disparu dans celui du 6 juillet 1906. (2)

2° *Convention du 6 juillet* 1906. — « ART. 6. — Les formations mobiles (c'est-à-dire celles qui sont destinées à accompagner les armées en campagne) et les établissements fixes du service de santé seront respectés et protégés par les belligérants. »

« ART. 14. — Les formations sanitaires mobiles conserveront, si elles tombent au pouvoir de l'ennemi, leur matériel, y compris les attelages, quels que soient les moyens de transport et le personnel conducteur. Toutefois, l'autorité militaire compétente aura la faculté de s'en servir pour les soins des blessés et malades ; la restitution du matériel aura lieu dans les conditions prévues pour le personnel sanitaire, et, autant que possible, en même temps. »

« ART. 15. — Les bâtiments et le matériel des établissements fixes demeurent soumis aux lois de la guerre, mais ne pourront être détournés de leur emploi, tant

---

(1) V. Gillot, *op. cit.*, p. 259 ; Paul Fauchille et Nicolas Politis, *op. cit.*, p. 39.

(2) V. Paul Fauchille et Nicolas Politis, *op. cit.*, p. 61 et suiv., 65 et suiv.

qu'ils seront nécessaires aux blessés et aux malades. Toutefois les commandants des troupes d'opérations pourront en disposer, en cas de nécessités militaires importantes, en assurant au préalable le sort des blessés et malades qui s'y trouvent. »

« ART. 16. — Le matériel des sociétés de secours, admises au bénéfice de la convention conformément aux conditions déterminées par celle-ci, est considéré comme propriété privée et, comme tel, respecté en toute circonstance, sauf le droit de réquisition reconnu aux belligérants selon les lois et usages de la guerre. »

Ainsi, comme d'après la convention de 1864, suivant la convention de 1906, qu'il convient également de compléter par les dispositions de La Haye, la destruction et la dégradation intentionnelles des établissements et du matériel sanitaires sont absolument interdites en territoire occupé aussi bien qu'en territoire envahi.

Les accords signés à Genève le 22 août 1864 et le 6 juillet 1906 ont été, de même que les conventions de La Haye de 1899 et de 1907, ratifiés par de nombreuses puissances. Cinquante-cinq Etats, parmi lesquels tous les belligérants de la guerre de 1914 et spécialement l'Allemagne, ont donné leur approbation à la convention de 1864. Trente-cinq ont ratifié celle de 1906 ou y ont adhéré : un seul des participants à la guerre mondiale, le Monténégro, ne l'a point acceptée. (1) Mais, aux termes de l'article 24 de la convention de 1906, « les dispositions de cette convention ne sont obligatoires que pour les puissances contractantes en cas de guerre entre deux ou plusieurs d'entre elles, » et « elles cessent d'être obligatoires du moment où l'une des puissances belligérantes n'est pas signataire de la convention. » Et, aux termes de

(1) V. la liste des puissances contractantes des deux conventions de Genève, dans le *Bulletin international des Sociétés de la Croix-Rouge*, 1914, p. 171 et suiv.

l'article 31 du même acte, « celui-ci, dûment ratifié, doit remplacer la convention du 22 août 1864 dans les rapports entre les Etats contractants » et « la convention de 1864 doit rester en vigueur dans les rapports entre les parties qui l'ont signée et qui n'ont pas ratifié la convention de 1906. » En présence de ces textes, et étant donné que l'un des belligérants de 1914, le Monténégro, n'a pas accepté l'accord de 1906, faut-il admettre que l'Allemagne n'est pas tenue par les principes exprimés dans cet accord, et, si on doit l'admettre, faut-il décider qu'elle est tout au moins liée par ceux établis dans la convention de 1864? Ce qui a été dit de l'application respective, à l'égard de l'Allemagne, des accords de La Haye de 1907 et de 1899, sur le règlement de la guerre continentale, est vrai également pour l'application, vis-à-vis de cette puissance, des conventions de Genève du 6 juillet 1906 et du 22 août 1864 sur le traitement des blessés et des malades. La convention de 1906, dont le but est, suivant son préambule, « de perfectionner et de compléter les dispositions convenues à Genève le 22 août 1864, » n'a fait, dans la plupart de ses dispositions, que formuler des principes d'humanité consacrés depuis longtemps par la coutume, et la convention de 1864 a été acceptée par le Monténégro comme par tous les Etats qui ont été parties à la guerre de 1914. L'Allemagne se trouve ainsi, en tout cas, en vertu de la coutume, ou par application de la convention de 1864, qu'elle a approuvée, obligée de respecter, vis-à-vis de tous les belligérants, les installations sanitaires destinées à secourir les militaires blessés ou malades, aussi bien que ces derniers et le personnel employé à les soigner. C'est d'ailleurs, au point de vue de l'application du traité de 1864, la solution qu'impose la déclaration qu'a faite, on l'a vu, (1) M. Louis Renault dans son rapport sur la convention de 1906. L'Empire allemand,

(1) V. ci-dessus, p. 10-11.

au surplus, a consacré lui-même par sa législation intérieure le droit, écrit ou non écrit, qui existe en cette
matière, car dans le Manuel sur les lois de la guerre
continentale publié en 1902 par son grand Etat-Major, il
a expressément reconnu ce droit obligatoire pour ses troupes. On y lit, en effet, ce qui suit en ce qui touche le traitement des soldats blessés et malades : « En vertu de la
promulgation de la convention de Genève au rang des
lois auxquelles sont soumis les peuples et les armées, la
question du traitement des militaires blessés ou malades
et des personnes appelées pour les soigner et les guérir,
ainsi que celle du régime des établissements à ce destinés,
déborde le cadre des lois de la guerre. Aussi les discus-
sions sur la forme de cette loi internationale doivent-elles,
au point de vue militaire, être déclarées inutiles et stéri-
les. Le soldat peut bien être complètement convaincu que
certaines parties de ce texte sont susceptibles d'amende-
ment, que d'autres ont besoin d'être complétées, que
d'autres enfin doivent disparaître ; il n'a pas le droit de
s'écarter arbitrairement de leurs prescriptions et a le
devoir de contribuer du meilleur de ses forces à une
application intégrale. » (1)

(1) *Op. cit.*, p. 60.

Les faits : actes de barbarie et de dévastation

Le droit auquel l'Empire allemand entendait soumettre la guerre sur terre en pays ennemi a été par lui impudemment violé. Partout où ses troupes passèrent, ce ne fut que pillage ou destruction sans nécessité militaire, qu'attentats contre la vie, l'honneur, la liberté, les droits de la famille et les convictions religieuses des habitants paisibles et inoffensifs. Les actes de cruauté commis par les Allemands ont été nombreux dans les territoires belges et français qu'ils envahirent dès le début des hostilités. (1) Mais ces actes n'ont rien été auprès de ceux qu'ils accomplirent, aux mois de février et de mars 1917, dans les régions de la France qu'ils occupaient entre l'Ancre et l'Aisne et qu'ils décidèrent d'évacuer devant les forces militaires franco-anglaises. Sans attendre que ces forces se fussent mises en marche, l'autorité allemande a, en effet, employé les derniers jours de l'occupation à procéder à l'anéantissement complet du pays. Ses forfaits ont été tels que le gouvernement de la République et, après lui, le Sénat français, résolurent d'en faire immédiatement juge le monde entier.

(1) Des Commissions d'enquête, instituées en Belgique, en France et en Grande-Bretagne, ont, à la suite d'investigations scrupuleuses et de témoignages directs reçus en la forme judiciaire, relevé ces actes dans de nombreux rapports. — V. les rapports de la Commission française dans le *Journal officiel de la République française* des 8 janvier, 11 mars, 8 mai, 3 août et 18 décembre 1915. — Les rapports de la Commission belge, parus au *Moniteur belge*, ont été réunis dans deux volumes publiés en 1915 par le gouvernement belge (Paris, Berger-Levrault, édit.). — Le rapport de la Commission d'enquête sur les atrocités allemandes nommée par le gouvernement de Sa Majesté Britannique a été publié avec un Appendice, en traduction française, en 1915 (Londres, Darling and Sons, édit.) — V. aussi Paùl Fauchille, *Les attentats allemands contre les biens et les personnes en Belgique et en France*, dans la *Revue générale de droit international public*, t. XXII (1915), p. 249 et suiv.

Le 24 mars, M. Ribot, Président du Conseil et ministre des Affaires étrangères, adressa à ses représentants dans les pays neutres, pour en informer les ministres des Affaires étrangères de ces pays, une protestation dans laquelle on lit ce qui suit :

« Le gouvernement de la République réunit en ce moment les éléments d'une protestation qu'il compte adresser aux gouvernements neutres contre les actes de barbarie et de dévastation commis par les Allemands dans les territoires français qu'ils évacuent en se repliant.

« Dès à présent, je vous prie de faire savoir au gouvernement auprès duquel vous êtes accrédité que nous entendons dénoncer à l'opinion universelle les actes inqualifiables auxquels se sont livrées les autorités allemandes. Aucun motif se réclamant des nécessités militaires ne peut justifier une dévastation systématique portant sur les monuments publics, artistiques et historiques comme sur les biens privés, et accompagnée de violences contre les personnes. Des villes et villages entiers ont été pillés, incendiés et détruits, les maisons particulières dépouillées de tout mobilier que l'ennemi a emporté, les arbres fruitiers arrachés ou rendus inaptes à toute production future, les sources et les puits empoisonnés. Les habitants, relativement peu nombreux, qui n'ont pas été évacués en arrière, ont été laissés avec une ration de vivres minime, alors que l'ennemi s'est emparé des stocks provenant de la Commission neutre de ravitaillement destinés à cette population civile.

« Vous ferez remarquer qu'il s'agit là, non pas d'actes destinés à entraver les opérations de nos armées, mais de dévastations n'ayant aucun rapport avec cet objet et ayant pour but de ruiner, pour de longues années, une des régions les plus fertiles de la France.

« Le monde civilisé ne peut que se révolter contre ces procédés d'une nation qui prétendait lui imposer sa culture mais qui se révèle, une fois de plus, comme toute proche encore de la barbarie, et dont l'ambition déçue traduit sa rage en foulant aux pieds les droits les plus sacrés de l'humanité. »

Et, le 31 mars, après avoir entendu M. Chéron, un de ses membres qu'il avait envoyés dans les régions dévastées pour constater sur place les atrocités germaniques, le Sénat adopta, par un vote unanime, la résolution suivante : (1)

« Le Sénat, dénonçant au monde civilisé les actes criminels accomplis par les Allemands, dans les régions de la France par eux occupées, crimes contre la propriété privée, contre les édifices publics, contre l'honneur, la liberté et la vie des personnes ;

« Constatant que ces actes de violence inouïe ont été perpétrés sans l'excuse d'aucune nécessité militaire, et au mépris systématique de la convention internationale du 18 octobre 1907, ratifiée par les représentants de l'Empire allemand ;

Voue à la malédiction universelle les auteurs de ces forfaits, dont la justice exige que soit assurée la répression ;

« Salue avec respect ceux qui en ont été les victimes et auxquels la nation promet solennellement, en s'en portant caution, qu'ils en obtiendront réparation intégrale par l'ennemi ;

« Affirme plus que jamais la volonté de la France, soutenue par ses admirables soldats, et d'accord avec les peuples alliés, de poursuivre la lutte qui lui a été imposée jusqu'à l'écrasement définitif de l'impérialisme et du militarisme allemands, responsables de toutes les misères, de toutes les ruines et de tous les deuils accumulés sur le monde. »

____

(1) V. le *Journal officiel de la République française* du 1er avril 1917, séance du Sénat du 31 mars, p. 376. — V. *ibid.*, p. 377 et suiv., le discours de M. Chéron, et la discussion qui l'a suivi.

Effectivement, comme M. Chéron l'a très justement dit dans son discours au Sénat, c'est aux âges primitifs, aux époques les plus sauvages de la plus lointaine histoire qu'il faudrait remonter pour trouver des actes de vandalisme et de bestiale sauvagerie analogues à ceux qu'ont accompli les Allemands. (1)

Dans les territoires évacués, il n'est pour ainsi dire pas de villes ou de villages qui aient encore des maisons en état de recevoir des habitants. Les principales localités, Bapaume, Ham, Chauny, Péronne, ne sont plus guère qu'un assemblage de ruines. Les carrefours de la plupart des communes ont disparu, et des trous béants de dix mètres de profondeur, provoqués par des explosions, séparent les quartiers en îlots. Partout, les ponts ont été détruits, les routes bouleversées, les voies ferrées arrachées : c'est ainsi que les ponts, et aussi les écluses du canal de Noyon à Chauny, ont été démolis ; le petit port de Pont-Lévêque sur ce canal a presque entièrement disparu. (2)

En de nombreux endroits, tout a été absolument rasé. De Nesle à Péronne, comme de Plessis à Roye, c'est un vaste désert. Il en est de même à partir de la lisière des bois de Frières-Faillouel jusqu'au fort de Vendeuil. (3) La destruction a été générale notamment à Carrépuis, à Balâtre, à Réthonvillers, à Ourscamps, à Flavy-le-Martel, à Billancourt, à Roiglise, à Avricourt, à Amy, à Margny-aux-Cerises, à Manancourt,

(1) Les nouvelles atrocités germaniques ont fait l'objet, de la part de la Commission d'enquête française instituée le 23 septembre 1914, de rapports spéciaux en date du 12 avril et du 24 mai 1917 (*Journal officiel de la République française* du 18 avril 1917, p. 3058 et suiv., du 30 mai 1917, p. 4226 et suiv. et du 30 juin 1917 (*erratum*), p. 4984). Ces rapports, et aussi le discours de M. Chéron au Sénat, ont été la base principale de notre travail. Les indications de ce travail qui n'ont pas été données par eux nous ont été fournies — ainsi que nous le mentionnons spécialement — par des témoins oculaires ou par les intéressés eux-mêmes.

(2 et 3) Déclarations d'un témoin oculaire.

à Curchy, à Arrancourt-le-Petit, à Homiécourt, à Marchelepot, à Barleux, à Flaucourt. Sur trente-sept communes que comprenait le canton de Roye, il n'en subsiste plus que trois, au demeurant fort abîmées ; dans les cantons de Nesle et de Ham, neuf communes ont seules échappé à une dévastation complète. A Frétoy-le-Château, aux environs de Guiscard, les Allemands, en quittant le village le 18 mars 1917, ont semé le désastre et la ruine : vingt fermes et maisons ont été entièrement détruites. (1) A Carlepont, près de Noyon, les deux tiers des maisons ont été démolis par les Allemands, l'autre tiers a été détruit par le bombardement. (2) De même, la région du fort de Liez et du village de Travecy a été anéantie au point que la présence des bâtiments ne se décèle plus que par une véritable poussière de briques. A Villequier-Aumont les Allemands n'ont laissé subsister que l'église, vraisemblablement pour s'en servir comme de point de repère. A Béthancourt, près de Caillouel, ils ont détruit toutes les maisons du village, à l'exception de deux ou trois. A Abbecourt, entre Appilly et Ognes, il ne reste plus de la localité qu'un certain nombre de toits intacts tombés à terre entre les murs effondrés par l'écartement. (3)

Et c'est par le feu ou par l'explosion que les bâtiments furent ainsi supprimés. Leur suppression a été, d'ailleurs, l'exécution d'un plan méthodiquement établi, la conséquence d'une intention depuis longtemps arrêtée. Dans toutes les communes, les mêmes procédés de destruction furent employés presque simultanément et dans des conditions identiques. Des « ordres strictement

---

(1) Déposition de M. Dubois, conseiller référendaire à la Cour des Comptes, devant la Comission d'enquête le 30 juin 1917. V. le texte de cette déposition plus loin, p. 55, Annexe I.

(2) Déposition de M. de Marcé, conseiller référendaire à la Cour des Comptes, devant la Commission d'enquête le 30 juin 1917. V. le texte de cette déposition plus loin, p. 58, Annexe II.

(3) Déclarations d'un témoin oculaire.

secrets (*streng geheim*) ». relatifs aux destructions ont prévu d'une façon précise les jours et les heures auxquels l'incendie devait être allumé, les délais dans lesquels il devait être terminé, les chefs et les soldats qui devaient l'effectuer. (1) Et c'est avec une implacable minutie qu'on opéra, par des mines, à la démolition des maisons. Avant de les faire sauter, les Allemands pratiquèrent dans les murs, à la pioche ou à l'aide de puissants béliers, des excavations longues et étroites pour favoriser l'écroulement lors de l'explosion. A Chauny, l'autorité avait pris, dès le mois de janvier, la mesure des caves de toutes les maisons, afin de calculer la quantité d'explosifs nécessaire à la disparition de chacune d'elles. A Ham, c'est en février que les pionniers cantonnés près de la gare commencèrent leurs travaux de mines, les effectuant la nuit pour ne pas éveiller l'attention des aviateurs ennemis.

Dans les villes et les villages qu'ils n'ont pas entièrement rasés, les Allemands se sont acharnés surtout à faire disparaître les usines et les établissements agricoles. A Offoy, ils brûlèrent la minoterie Damay ; à Nesle, ils

---

(1) Un de ces ordres, trouvé sur un Allemand, était rédigé dans les termes suivants : « Le commandant des pionniers dirigera la destruction des localités. Les dernières grandes destructions dans Grévillers, Biefvillers, Aubin et Avesnes commenceront à l'heure X + 2. Pour couvrir les équipes de mise de feu, chacun des commandants de secteurs fournira deux sous-officiers et vingt hommes des bataillons B et deux brancardiers avec brancards. Les destructions de Favreuil, Beugnâtre et Frémicourt commenceront le 2ᵉ jour de marche à l'heure X + 3. La destruction de Morchies sera exécutée le matin du 3ᵉ jour de marche; elle devra être terminée pour cinq heures. L'incendie sera allumé le 3ᵉ jour de marche vers cinq heures... La destruction de Louverval, Boursies, Deniécourt, commencera le 3ᵉ jour de marche. Pour ces destructions, le commandant des pionniers s'entendra avec le commandant des avant-postes de la division S du secteur III, major von Uechtritz, à Doignies, de manière que toutes les destructions non effectuées sur la demande de ce commandant d'avant-postes soient effectuées plus tard par la division S. L'allumage des incendies sera exécuté sous le commandement des officiers par les différentes équipes. La destruction de tous les puits est importante. (Signé) : TIEDE (F. d. R.); BAESSLER, oberleutnant. »

incendièrent l'usine à gaz, la distillerie Lesaffre, la fabrique de produits chimiques Evence Coppé, la malterie Tabary ; à Ham, ils anéantirent par l'explosion les sucreries Bosquet et Bernot, la distillerie de Sébastopol, la fabrique d'huile Dive, la brasserie Serré ; à Roye, à Bernes et à Hervilly, les sucreries ont, de même, été détruites. Ils s'attaquèrent aussi principalement aux édifices publics et aux monuments historiques, notamment aux églises. Le beffroi et le vieux château de Ham, ainsi que les ruines du château de Coucy, sont devenus un amas de décombres. A Avricourt existait un château d'une grande valeur artistique, où le prince Eitel-Frédéric, fils de Guillaume II, avait séjourné à la fin de 1915 et qu'il avait vidé de ses meubles les plus rares : dans la nuit du 13 au 14 mars 1917, les Allemands l'ont anéanti avec la ferme qui y était attenante. A Carlepont, la partie centrale de l'important château du xviiie siècle qu'y possède M. de Marcé a été détruite par l'effet d'une mine. (1) L'Hôtel de Ville de Péronne a presque complètement disparu, et sur un de ses murs pantelants les Allemands, fiers de leur travail, ont étalé un large panneau de bois portant en caractères énormes l'inscription suivante : « *Nicht ärgern, nur wundern !* (Ne pas se fâcher, admirer seulement !) ». A Chauny, de l'église Saint-Martin il n'existe plus que des pans de murs, et l'église Notre-Dame a été partiellement démolie ; à Esmery-Hallon, à Ercheu, à Solente, à Roye, les clochers ont été volontairement abattus.

Lorsqu'un immeuble n'a pas complètement disparu, il est au moins totalement dévasté. C'est ainsi qu'à Frétoy, le château de M. Dubois, s'il est demeuré debout, ne renferme plus que des ruines. Sa dévastation, qui a eu lieu

---

(1) Déclaration de M. de Marcé. — V. le texte de sa déposition devant la Commission d'enquête, Annexe II.

dans les quarante-huit heures qui précédèrent la retraite de l'ennemi, a été aussi complète que systématique. Les grilles ont été renversées, les douves et les étangs comblés, les aqueducs démolis, les murs et les clôtures percés d'ouvertures semblables à celles qu'aurait produites un bombardement. Les statues du parc, œuvre de Jacques Sarrazin, recteur de l'Académie de sculpture en 1650, gisent brisées au bas de leurs piédestaux. Dans le bâtiment même, de nombreux commencements d'incendie ont laissé leurs traces. Plus de seize cents vitres ont été cassées et toutes les tables de plomb de la toiture arrachées de telle façon et avec la volonté manifeste que l'écoulement des eaux pluviales se fasse au dedans de l'habitation. Il ne reste rien des aménagements intérieurs. Les serrures ont été enlevées, ainsi que tout ce qui est métal. Les carrelages ont été défoncés et les dallages broyés. Les cheminées de marbre ont été brisées ; les trumeaux, les glaces, les peintures, les portraits historiques des d'Estourmel et des Lamoignon qui garnissaient le château ont, pour la plupart, été détachés de leurs cadres à coups de hache ou troués par les baïonnettes. Les quelques gros meubles qui sont restés ont été rompus ou défoncés ; les pieds des sièges et des tables ont été sciés : le tout, au surplus, est couvert de boue. (1) Le château de M. de Marcé, à Carlepont, ne fut pas traité avec plus d'égards par les troupes germaniques, qui avaient commencé à le dévaster dès le mois de décembre 1914 : ce qu'elles ne purent ou ne voulurent emporter a été détruit ou saccagé. (2)

Mais, dans toute la région abandonnée par les Allemands, ce n'est pas uniquement les riches habitations qu'ils dévastèrent ainsi ; les moindres demeures, les plus modestes chaumières n'échappèrent pas davantage à leurs

(1) Déclaration de M. Dubois. — V. le texte de sa déposition devant la Commission d'enquête, Annexe I.

(2) Déclaration et déposition de M. de Marcé.

attaques. C'est avec une sorte de frénésie qu'à Sempigny ils démolirent à coups de pioche ou de maillet les lits et les armoires et pulvérisèrent la vaisselle et les glaces ; à Péronne, on retrouva dans les décombres des matelas crevés, des sommiers fendus d'un bout à l'autre, des armoires défoncées, des voitures d'enfant et des machines à coudre fracassées. A Caillouel, près de Chauny, tous les matelas furent dépouillés de leur laine. (1)

Dans leur œuvre de Vandales, les Allemands ont d'ailleurs ajouté souvent la fourberie à la cruauté.

Quelques jours avant d'abandonner Cugny, des officiers se présentèrent chez le maire de la localité et lui dirent : « Monsieur le maire, à notre grand regret, nous nous voyons contraints de vous prier de vous retirer tout près d'ici à la ferme Maurepas, car il vient au village un grand Etat-Major et le général vous a fait le grand honneur de choisir votre maison pour y séjourner quelque temps. » Quoique très surpris d'une courtoisie de ton à laquelle on ne l'avait pas habitué, le maire s'inclina et laissa sa maison. Quarante-huit heures passèrent ; on entendit quelques explosions, le ciel fut rouge toute une nuit... Quand le maire de Cugny apprit le départ des Allemands, il s'empressa de regagner sa demeure, mais il ne trouva plus que des ruines : les soldats l'avaient fait sauter.

La duplicité germanique a revêtu parfois les formes les plus criminelles. Les chefs, avant de quitter le pays qu'ils étaient forcés d'abandonner, y firent semer en nombre d'endroits des pièges qui devaient frapper à échéance lointaine la population civile comme les armées adverses. C'est ainsi que des bombes à action retardée, d'un effet terrible, furent cachées à l'intérieur de certains édifices qu'ils semblaient avoir voulu respecter..

(1) Déclaration d'un témoin oculaire.

L'Hôtel de Ville de Bapaume sauta de la sorte le 25 mars, plusieurs jours après le départ des troupes ; (1) les églises de Sapignies et de Béthancourt firent explosion le 18 et le 22 avril, plus d'un mois après la retraite allemande. (2)

Les Allemands s'en sont pris même à la terre et à ses produits.

Les champs ont été bouleversés par des mines, qui ouvrirent de larges cratères. Dans les parcs et les jardins, dans les prairies et dans les bois, sur les chaussées, les arbres furent abattus ou entamés profondément à la scie. Les bois de la région de Liez et de Travecy ont été pour la plupart coupés à la hauteur de soixante centimètres, et ce sont, dit-on, des prisonniers russes que les Allemands chargèrent de cette besogne. Tous les grands arbres de la route de Chauny à Noyon jusqu'aux environs de Babœuf ont été brisés à cinquante centimètres du sol ; par contre, le long du canal de Noyon à Chauny, latéral à l'Oise, il n'a été coupé en général qu'un arbre sur deux. (3) Et, comme les autres, les arbres fruitiers ont été atteints: groupés dans les vergers ou épars sur le côté des routes, ils ont été coupés et, quand le temps a manqué pour les scier, l'écorce en a été arrachée afin qu'ils périssent lentement sur pied. Les vignes et les treilles, contre les murs, furent de même supprimées. Ç'a été la destruction pour la destruction. Il en fut ainsi notamment au château de Carlepont et au château de Frétoy : non seulement la plupart des arbres du parc et des ave-

(1) Cette explosion, qui eut lieu à onze heures et demie du soir, causa la mort de deux députés du Pas-de-Calais, MM. Briquet et Taillandier, installés dans l'édifice pour y passer la nuit.

(2) Les pièges tendus par les Allemands dans les territoires qu'ils abandonnaient ont été si nombreux et si variés que l'autorité militaire française, dès que ses troupes réoccupèrent ces territoires, crut nécessaire, afin qu'elles y prennent garde, de les leur faire connaître d'une manière précise : à cet effet, un ordre fut lu dans les régiments.

(3) Déclarations d'un témoin oculaire.

nues furent coupés ou écorcés, mais les arbres fruitiers furent sciés à la base ou à un mètre du
sol. (1) A Nesle, chez le Dr Braillon, ce sont les ordonnances des officiers qu'il logeait qui brisèrent eux-
mêmes dans le jardin quatre-vingt-dix poiriers et
autant de pieds de vigne. Dans certaines communes, à
Ham, par exemple, les ouvriers agricoles durent, sous la
menace allemande, scier les arbres auxquels ils avaient
avec amour donné tous leurs soins.

Les eaux qui sourdent de la terre, naturellement ou
artificiellement, n'ont pas été non plus à l'abri de la
fureur germanique. Les sources, les fontaines et les puits
ont été, sur les instructions du commandement, rendus
inutilisables : souillés et contaminés, comblés, même
empoisonnés avec de l'arsenic. Un ordre allemand du
14 mars 1917, saisi par l'armée britannique, prescrivit au
2º escadron du 6º cuirassiers (38º division) d'accumuler
près des citernes une grande quantité de fumier, et
l' « ordre relatif aux destructions », qui fut trouvé sur un
Allemand, (2) déclara « importante » la destruction de
« tous » les puits. Les soldats, sous la surveillance des
chefs, procédèrent à cette besogne ; parfois, comme à
Rouy-le-Petit, on l'imposa aux habitants eux-mêmes et,
pour l'accomplir, on n'hésita pas à utiliser des enfants.

Mais il ne pouvait suffire aux Allemands de détruire
et de dévaster. Il fallait qu'ils tirassent directement profit
des actes de violence accomplis par eux. Aussi, partout,
le pillage précéda la destruction ; et, quand par hasard
des immeubles échappèrent au feu ou à la mine, ils
furent, avant d'être ravagés, méthodiquement dépouillés.

Tout ce que contenaient les habitations privées —
mobilier, literie, vêtements, objets d'art — fut sans

______

(1) Déclarations de M. de Marcé et de M. Dubois. — V. leurs dépositions
devant la Commission d'enquête.

(2) V. ci-dessus, p. 27, note 1, le texte de cet ordre.

exception systématiquement enlevé. Et, soigneusement
emballées, les choses volées ont été expédiées en Allemagne : des voitures et des camions arrivaient par cen-
taines devant les portes pour en effectuer le transport.
Les objets qui ne purent être emportés furent impitoya-
blement saccagés. Dans les deux plus belles maisons de
la ville de Ham, dont l'une était affectée au casino des
officiers, les Allemands emportèrent tout ce qui avait
quelque valeur ; ils brisèrent le reste, sciant les cham-
branles des portes, détruisant les fenêtres à coups de mar-
teau, arrachant et piétinant les lustres ; pour compléter
cette besogne, ils déposèrent des ordures immondes dans
les pianos. A Carlepont, le château de M. de Marcé fut
dégarni non seulement de ses meubles, mais de ses boiseries, de ses tapisseries et de ses cheminées : pour satis-
faire leurs goûts artistiques, les Allemands enlevèrent
jusqu'aux plaques de fonte des foyers, aux armes des
évêques de Noyon, et détachèrent soigneusement des
murs les tableaux et les peintures qui y étaient marou-
flées ; ils s'approprièrent encore une importante collec-
tion de monnaies anciennes et de jetons des Chambres des
Comptes. (1) Au château de M. Dubois, à Frétoy-le-Château, la partie la plus précieuse du mobilier fut également
emportée en Allemagne. (2)

Aucun immeuble n'échappa au pillage. Les usines et
les fermes eurent le même sort que les habitations. (3) A
Roye, les Allemands, après avoir arraché dans les fabri-

(1) Tous ces objets avaient une grande valeur artistique. Les peintures
démarouflées, attribuées à Moucheron, étaient du xvIII* siècle — ainsi que
la majeure partie du mobilier et des tapisseries ; — parmi les tableaux enlevés figuraient des trumeaux de Pillemans et une toile d'Houdecooter dont la
réplique est au musée royal d'Amsterdam. — Déclarations de M. de Marcé.

(2) Déclaration du propriétaire du château, M. Dubois.

(3) Dans tous les territoires qu'ils ont occupés, le pillage des usines a été
la principale préoccupation des Allemands. V. Paul Fauchille, *La réparation
des dommages industriels causés par les Allemands dans le Nord de la
France*, dans la *Revue générale de droit international public*, t. XXIII
(1916), p. 280 et suiv.

ques le bronze, le zinc, le plomb, le cuivre et le laiton, enlevèrent les pièces mécaniques de quelque valeur et brisèrent les autres. Les machines et les instruments agricoles, qui n'ont pas été emportés, gisent partout, brisés, inutilisables, entassés sur des foyers d'incendie. Les graines et les semences furent confisquées, sinon jetées au vent. Toutes les étables ont été vidées ; dans les villages, il n'y a plus de bestiaux, pas même une poule. Les églises n'ont pas été autrement respectées. Celles de Noyon et de Nesle furent dépouillées de leurs tuyaux d'orgue et de leurs cloches ; dans l'église de Guiscard, on emporta même le mécanisme de l'horloge ; à Sempigny, la garniture du maître-autel fut volée ; à Notre-Dame de Chauny, les serrures des placards furent forcées, les troncs vidés, les ornements sacerdotaux maculés.

Le vol, comme d'ailleurs le saccagement, ainsi pratiqués d'une façon permanente, n'étaient pas simplement l'œuvre des soldats ; ils étaient également celle des officiers, qui, pour se justifier, disaient agir « par ordre de l'Empereur ». Presque tous les officiers logés dans la ville de Ham déménagèrent leur chambre à coucher, emportant même les chaises, même les menus objets de toilette. A Nesle, le général Hahn, commandant la 35ᵉ division, vida de son mobilier l'appartement qu'il occupait depuis quatre mois ; et le général von Fleck, commandant le corps d'armée stationné à Ham, déménagea entièrement, de la cave au grenier, l'immeuble qu'il habitait, au point qu'avant de partir pour Saint-Quentin en voiture découverte, accompagné de son officier d'ordonnance, il fut obligé, pour rédiger une note, d'envoyer chercher une chaise à la mairie. C'est le général Babel, chef de la division 44, qui, en quittant le château de Frétoy le 16 mars 1917, deux jours avant l'arrivée des Français, donna l'ordre à des « troupes spéciales » de saccager la place avant de l'évacuer. (1)

(1) Déclaration de M. Dubois.

L'argent et les valeurs sont ce que les Allemands ont cherché par-dessus tout à recueillir. Et ici les chefs ont toujours joué le rôle principal. A cette fin ils usèrent de différents procédés, ne reculant devant aucuns moyens, fussent-ils les plus criminels. Par l'entremise des Kommandanturs, ils enjoignirent d'abord aux habitants de venir déposer leurs titres et leur numéraire. Cette façon directe de les rançonner fut employée notamment à Mesnil-Saint-Nicaise, à Voyennes, à Rouy-le-Petit, à Offoy et à Nesle : dans cette dernière ville, le maire refusa de transmettre l'ordre donné, mais à Rouy-le-Petit l'opération produisit une récolte fructueuse de 33o.ooo francs de titres. Les autorités se servirent aussi de prétextes fallacieux pour avoir à leur disposition les habitants avec tout leur argent, et alors ils pratiquèrent sans scrupule le vol sur les personnes. C'est de la sorte qu'ils procédèrent à Vraignes : le 18 mars, avant-veille de leur départ, les Allemands avertirent les habitants qu'on allait les évacuer et les invitèrent dans ce but à prendre avec eux tout ce qu'ils désiraient emporter ; mais à peine eurent-ils réuni leur argent et leurs valeurs mobilières, qu'ils reçurent l'ordre de se rendre dans la cour d'une ferme voisine ; et là, baïonnette au canon, des soldats, sur l'ordre de leurs chefs, les obligèrent à livrer tous les fonds dont ils étaient porteurs ; ceux qui résistèrent furent emmenés dans une maison voisine et fouillés méthodiquement : une somme de 13.8oo francs constitua le bénéfice de l'opération, sans qu'il en fût donné d'ailleurs le moindre reçu. On a agi de même à Tincourt, où la dame Vancopenolle, après avoir reçu l'ordre de se déshabiller, se vit enlever un titre de rente représentant 1.5oo francs. Mais le moyen que les Allemands utilisèrent de préférence fut les perquisitions à domicile. Les maisons sont visitées et fouillées méthodiquement, et quand des coffres-forts sont découverts on les force. A Noyon, les coffres-forts de nombreux particuliers furent fracturés à coups de revolver dans les combinaisons. Dans la même ville, à l'Hôtel du Nord où siégeait la Kommandantur, un coffre-fort fut éventré avec une pince-monseigneur, et aux bureaux de la Société générale on procéda, sous la direction de l'officier-chef de la Kommandantur, à l'effraction des coffres à l'aide de chalumeaux ; quelques jours avant, il avait été opéré d'une manière semblable à la banque Brière et à la banque Cheneau et Barbier. Rien de ce qui se trouvait dans les coffres-forts n'y fut d'ailleurs laissé ; numéraire, titres, valeurs, effets de portefeuille et de commerce, bijoux, argenterie, comptabilité et archives, tout fut enlevé : comme M. Brière s'étonnait qu'on lui prit jusqu'à ses archives et faisait observer qu'elles ne pouvaient être utiles qu'à lui-même, l'officier auquel il s'adressait et qui se disait délégué de la Trésorerie de Berlin se borna à lui répondre : « On m'a donné l'ordre de vider les coffres. Je vide les coffres. » A Roisel, aussi bien qu'à Noyon, les coffres des banques ont été fracturés et toutes les valeurs volées. C'est une mesure générale, qui a été partout appliquée. Quand un coffre-fort est vide, il est détruit : un habitant de Sempigny, M. Cabrol, avait laissé son coffre-fort ouvert, afin de montrer qu'il n'y avait rien à l'intérieur et d'éviter qu'il fût abîmé ; les Allemands l'éventrèrent. Pour faciliter les perquisitions et s'approprier plus à l'aise l'argent des particuliers, les autorités germaniques se sont souvent débarrassées des propriétaires en les éloignant de leur demeure pour des raisons quelconques : ainsi, une personne de Nesle fut arrêtée pour espionnage tandis qu'on s'apprêtait à la dévaliser ; un vieillard de Roisel, M. Villain, fut appelé à la Kommandantur, et, pendant qu'on l'y faisait attendre fort longtemps pour lui dire finalement que le chef ne pourrait le recevoir, on prenait chez lui toute sa fortune, 150.000 francs de titres. (1)

(1) Sur l'organisation du pillage dans les territoires évacués, un déserteur allemand qui a pris part à la retraite en mars 1917 sur la Somme a fait la

La destruction, la dévastation et la rapine ont été dans certains cas particulièrement révoltantes, car elles ont eu pour objet des immeubles qui, non seulement par leur nature, mais par leur destination spéciale, devaient être protégés contre toute violence. Au mépris des lois de l'humanité et des règles du droit des gens, les Allemands sont allés parfois jusqu'à saccager des bâtiments que des particuliers, en les affectant au service de la Croix-Rouge, avaient transformés en ambulances ou en hôpitaux. Il en fut ainsi notamment dans la région de Noyon. A Carlepont, dès le début de la guerre, M. de Marcé, régulièrement autorisé, avait fait de son château un hôpital de la Société française de secours aux blessés militaires ; cela n'a pas empêché que ce château, devenu l'hôpital auxiliaire n° 31, fût entièrement pillé par les Allemands lorsqu'ils se retirèrent du village : ils enlevèrent tout le matériel de l'établissement, qui se composait d'une vingtaine de lits, non point d'ailleurs pour l'utiliser eux-mêmes dans un but sanitaire, mais pour l'expédier comme butin en Allemagne ; désireux sans doute de supprimer toute trace palpable de leur méfait, ils emportèrent aussi les drapeaux blancs avec croix rouge et les timbres en caoutchouc de l'hôpital. C'est une conduite semblable qu'ils tinrent à Noyon, où le matériel de la Croix-Rouge de cette ville fut également volé par eux. (1) Ils firent plus encore aux environs de Caillouel, à Béthancourt. Ici, en s'en allant, ils ne se contentèrent pas de piller, ils détruisirent

déclaration suivante : « Avant la retraite, chaque homme fut autorisé à envoyer en Allemagne un colis de 50 kilogrammes de vivres. Chaque colis devait être contrôlé par un officier et porter l'inscription : « geprüft » (contrôlé). Or, les chefs chargés de la vérification s'en sont complètement abstenus et ont délivré les sauf-conduits sans faire la moindre objection. Les hommes en ont profité pour envoyer chez eux toutes sortes d'objets volés, autres que des vivres, qui, du reste, étaient introuvables, tels que des montres, des pendules, des bijoux, des vêtements, du linge, de la laine sortie des matelas, etc. Seuls les Alsaciens ont eu leurs colis contrôlés et arrêtés. » V. le *Temps* du 20 juillet 1917, p. 2.

(1) Déclarations de M. de Marcé.

la plus importante maison du pays qu'ils avaient réquisitionnée pour y installer une ambulance à l'usage de leurs troupes : le frontispice de cette maison, qui demeure seul, porte toujours l'inscription allemande « *Feldlazaret.* » (1)

Si les Allemands ont détruit ou saccagé les bâtiments de la propriété privée et les édifices publics, ils n'ont point tenu compte davantage de la liberté ainsi que de la vie et de l'honneur des personnes.

Dans les territoires occupés, à partir du milieu de février, tous les hommes valides, en état de travailler, âgés de 15 à 60 ans, ainsi que les maires, les médecins, les pharmaciens, — ce qui privait de tout secours les nombreux malades et infirmes, — furent emmenés en esclavage en Allemagne, ou dans les lignes allemandes, pour être sans doute employés aux travaux de l'ennemi, en tout cas pour être exposés aux projectiles des troupes franco-anglaises. Même les femmes et les jeunes filles de 15 à 60 ans ont été enlevées ; seules les femmes ayant de jeunes enfants échappèrent à la déportation. Tel fut le cas, notamment, à Chauny et à Noyon : là, 31 femmes dont même une jeune fille de 13 ans malade, ici 80 jeunes filles des plus honorables furent arrachées à leurs familles. A Vraignes, village de 253 habitants, 24 jeunes filles sont parquées pour être déportées en Allemagne ; à Nesle, 180 femmes subissent le même sort. Une femme habitant Holnon raconte qu'on lui a pris son petit garçon bien qu'il n'eût que quatorze ans. Le 13 février 1917, à Frétoy-le-Château, canton de Guiscard, la partie de la population valide de 15 à 60 ans, qui n'avait pas été expédiée en Allemagne dès le début de l'occupation en septembre 1914, et qui comprenait treize filles et femmes, dont deux jeunes filles de moins de quinze ans. Mlles Poix et Pinart, fut emmenée en arrière des lignes alleman-

(1) Déclaration d'un témoin oculaire.

des. (1) Et c'est à pied, pendant la nuit, ou dans des wagons à bestiaux, sans vivres, que les voyages furent effectués.

Après l'évacuation des habitants valides, le reste de la population ne stationna pas toutefois longtemps dans ses demeures. Il importait de donner aux soldats des facilités spéciales pour piller et détruire à loisir. Les Allemands décidèrent dès lors de parquer dans certaines localités ou dans des parties déterminées des villes ou des villages qu'ils habitaient les vieillards et les enfants avec les quelques femmes valides laissées dans les régions occupées. C'est ainsi que les gens de Douchy, d'Omissy, de Matigny, de Morcourt, de Sancourt et de Villers-Saint-Christophe furent entassés à Rouy-le-Petit ; que la population de Péronne fut en partie accumulée à Tincourt, à Vraignes et à Bouvincourt ; que les habitants de Chauny et des environs furent consignés dans un faubourg de la ville, le Brouage, spécialement à l'institution Saint-Charles, et que ceux d'Offoy furent installés dans un quartier de leur village. A Caillouel, les habitants ont été enfermés deux jours dans l'église pendant qu'on procédait au pillage. (2) Les vieillards, les femmes et les enfants furent-ils au moins en sécurité dans le lieu de refuge qui leur était assigné ? Les autorités germaniques en se retirant se donnèrent la satisfaction de faire canonner les malheureux qu'elles y avaient elles-mêmes amassés : le 18 mars, la dernière unité partie et sans attendre que s'y trouvât un soldat allié, l'artillerie tira sur le village de Rouy ; le 20, et pendant deux jours et demi, elle bombarda le Brouage, visant particulièrement l'institution Saint-Charles : plusieurs personnes furent tuées ou blessées.

Avant de procéder à ces razzias, qui devaient ainsi conduire au travail forcé ou à la mort, les Allemands

(1) Déclaration de M. Dubois, propriétaire du château de Frétoy.
(2) Déclaration d'un témoin oculaire.

ont d'ailleurs toujours pris soin de soumettre les habitants aux pires souffrances. Le 3 mars, la Kommandantur de Chauny convoqua les civils pour les passer en revue ; échelonnés sur la route, ils restèrent six heures sous la pluie et le vent ; les malades eux-mêmes portés sur des civières figurèrent dans le cortège : vingt-sept décès furent le résultat de cette mesure barbare. A Ham, lorsqu'ils furent sur le point de faire sauter la citadelle, ils prévinrent les habitants de leur intention en fixant l'heure à laquelle l'opération aurait lieu : un coup de clairon devait donner le signal ; la population devait se rendre à l'église avec deux jours de vivres ; puis tout à coup, devançant le moment qu'ils avaient indiqué, et cela vers deux heures du matin, alors que les habitants étaient encore couchés, ils provoquèrent l'explosion sans avoir prévenu personne ; elle faisait de nombreuses victimes.

Aussi bien que la liberté et la vie, l'honneur des femmes ne compte pas pour les Allemands en pays occupé. Mme Déprez, propriétaire du château de Gibercourt, était atteinte d'une maladie de cœur très grave, qui la forçait à garder le lit ; un officier allemand arrive, lui enjoint de se lever ; la pauvre femme dit qu'elle va obéir malgré ses souffrances, mais le prie de s'écarter pour qu'elle puisse s'habiller : il s'y refuse et exige qu'elle s'habille devant lui. Le commandant de la place de Ham repère une jeune fille de seize ans et, la trouvant à son goût, déclare avec cynisme : « Celle-là est pour moi. » L'antique esclavage reparaît avec toute sa brutalité.

Les morts, enfin, n'ont pas été plus épargnés que les vivants. A Margny, les Allemands violèrent les tombes du cimetière pour y mettre leurs soldats, et ils firent de même à Manancourt, dans le terrain clos servant de cimetière privé à la famille de Rohan, installant à la fois une cuisine à l'intérieur du mausolée des Rohan et des latrines au milieu de leurs propres tombes. Le cimetière de Péronne a été indignement ravagé. A Roiglise, à Vaux-Roupez, à Candor, à Cartigny, à Ronssoy, à Becquincourt, à Dompierre, à Bouvincourt, à Herbécourt, à Séraucourt-le-Grand, ils firent sauter les chapelles et les tombeaux, laissant des restes humains à découvert. A Hervilly, ils fouillèrent plusieurs caveaux. A Nurlu, à Roisel, à Bernes, ils ont même brisé des cercueils. C'est aussi ce qu'ils ont fait à Carlepont, ne respectant même pas les morts de nationalité neutre : le caveau de la famille suisse de Graffenried-Villars a été indignement profané, et des cercueils y ont été défoncés à coups de hache. (1) Dans le cimetière de Champien, un cercueil est exhumé et les restes du mort sont remplacés par d'immondes ordures. A Manancourt, un bloc de marbre, au milieu duquel se voit une petite excavation, a été jeté parmi les décombres ; on y lit cette inscription: « Ici repose le cœur de Mme Amélie de Musnier de Folleville, comtesse de Boissy, décédée à Paris, le 16 juillet 1830, à l'âge de 32 ans et 10 mois. » L'église qu'entoure le cimetière de Candor a été honteusement pillée : les christs en argent fixés aux croix ont été arrachés et les statues des saints ont été par dérision affublées d'oripeaux. A la profanation s'ajoute parfois l'insulte. L'autorité allemande fit élever à Champien un monument allégorique qui représente la Paix et sur lequel a été inscrite la formule suivante : « A la mémoire des camarades amis et ennemis unis dans la mort ! »

Même les animaux eurent à souffrir de la domination allemande. A Appilly, un beau matin, le chef de la Kommandantur, qui avait un chien, se mit en tête de le dresser à la chasse aux chats. Il « réquisitionna » donc tous

(1) Déclaration de M. de Marcé.

les chats du pays et les fit lancer devant son chien ; la plupart furent étranglés ou eurent les reins cassés : c'est de la sorte que mourut *Paulus*, chat de Mme veuve Delage, dont — fait autrement grave — le fils et la fille ont été emmenés par les Allemands lors de leur départ. (1)

Tels sont, entre mille autres, quelques exemples du douloureux martyre qu'ont subi les populations aujourd'hui libérées.

L'Allemagne a ainsi considéré la France tout au plus comme un de ces peuples « non civilisés », « barbares ou sauvages », vis-à-vis desquels, d'après le *Kriegs-brauch im Landkriege*, « on ne doit pas pousser très loin l'humanité et les ménagements. »

(1) Déclaration d'un témoin oculaire.

L'Allemagne n'a nié aucune de ces atrocités. « Les terrains, déclare une note officieuse, (1) ont été transformés en désert. Pas un village, pas une ferme ne restent debout ; il n'y a plus une rue praticable, plus une voie de chemin de fer, plus un remblai utilisable. Là où se trouvaient des forêts, il n'y a plus que des troncs d'arbres ; on a fait sauter les ponts ; les fils télégraphiques, les câbles ont été détruits. L'ennemi ne trouvera plus une cave qui puisse lui servir d'abri et plus un morceau de bois qui puisse être utilisé pour la construction. Tout le matériel a été emporté ; toutes les sources de production de matériel nouveau anéanties. Des arbres énormes ont été jetés sur les routes. » Et tout cela n'a pas été l'effet d'un départ précipité ; c'est de longue date et méthodiquement que, pendant l'occupation, la dévastation a été organisée : « Dans les derniers mois, écrit à la fin de mars, le correspondant de guerre du *Lokal Anzeiger*, une grande bande de territoire français a été transformée en un terrain mort qui s'étend sur une largeur de 10 à 15 kilomètres. » (2)

L'Empire allemand a toutefois essayé de justifier ses mesures : il a prétendu qu'elles étaient commandées par les nécessités militaires. L'excuse de la nécessité, c'est ainsi toujours le prétexte qu'il donne aux abus dont il se rend coupable! (3) Un ordre du jour que le commande-

(1) Rapportée par le *Temps* du 24 mars 1917, p. 1.
(2) V. le *Temps* du 23 mars 1917, p. 4.
(3) « Nécessité ne connaît pas de loi », avait déjà dit, le 4 août 1914, dès le début de la guerre, le chancelier allemand von Bethmann-Hollweg, pour expliquer l'invasion de la Belgique neutre par l'Allemagne. — Sur l'excuse de la nécessité, V. Louis Renault, *Les premières violations du droit des gens par l'Allemagne : Luxembourg et Belgique*, Paris, 1917, Librairie de la Société du Recueil Sirey, édit., p. 61 et suiv.; de Visscher,

ment allemand adresse à ses troupes, dit en effet : « Les incendies sont évidemment regrettables et nous sommes les premiers à les déplorer. Mais ils constituent un mal nécessaire et une arme licite aux mains d'une nation qui combat pour son existence. » (1) Et c'est la même note qu'on retrouve dans la presse germanique. L'officieuse *Gazette de l'Allemagne du Nord* écrit à la fin du mois de mars : « Les destructions accomplies par les Allemands dans la région évacuée ont été dictées par une dure mais inflexible nécessité militaire. En première ligne, tous les ponts et toutes les routes ont été détruits ainsi que les voies ferrées. Les Allemands ont dû aussi abattre les forêts pour priver l'ennemi du matériel nécessaire aux constructions et aux fortifications. Les villages ont dû être détruits pour les mêmes raisons. La destruction des arbres, des champs, des jardins, des allées était tout indiquée au point de vue militaire. Nous n'avons naturellement laissé que la population impropre au service militaire. Ce serait commettre un crime contre notre propre sécurité militaire que de laisser à l'ennemi des forces de travail qui ne sont pas moins précieuses que des soldats. » « L'aspect des zones dévastées restera gravé à jamais dans la mémoire de ceux qui le virent, affirment de leur côté, à la date du 27, les *Dernières Nouvelles de Munich*. Tout ce qui était transportable a été enlevé. Tout ce qui n'a pas pu trouver place dans les voitures a été brûlé. Les puits ont été rendus inutilisables à jamais, ainsi que les abreuvoirs. Cette dévastation est pleinement justifiée, car la vie d'un soldat allemand est plus précieuse que tout. Seules les âmes sentimentales, qui ont le sens des reliques de musées, peuvent à la rigueur déplorer ces destructions. » Tel est aussi le raisonnement du journal

La Belgique et les juristes allemands, Paris, 1916, Payot, édit., p. 16 et suiv., et *Les Lois de la guerre et la théorie de la nécessité*, dans la *Revue générale de droit international public*, t. XXIV (1917), p. 74 et suiv.

(1) V. le *Temps* du 27 mars 1917, p. 1.

socialiste, le *Vorwaerts* : « On a fait sauter la ruine du château de Coucy au nord de Soissons. Cette ruine, avec ses murs de plusieurs mètres d'épaisseur, était un abri idéal pour des troupes et des mitrailleuses. La destruction a été opérée au péril de leur vie par un officier et quatre pionniers qui ont mis le feu à 28.000 kilos d'explosifs. » (1)

Que vaut une semblable argumentation ?

Le gouvernement français en a fait justice en termes éloquents dans sa protestation du 24 mars 1917 : « Aucun motif se réclamant des nécessités militaires, a dit cette protestation, ne peut justifier une dévastation systématique portant sur les monuments publics, artistiques et historiques comme sur les biens privés, et accompagnée de violences contre les personnes. Des villes et des villages entiers ont été pillés, incendiés et détruits, les maisons particulières dépouillées de tout mobilier que l'ennemi a emporté, les arbres fruitiers arrachés ou

---

(1) V. d'autres extraits des journaux allemands dans le *Temps* des 29 et 30 mars 1917, p. 1.

Les nécessités militaires !... C'est encore le motif qu'une des plus hautes autorités militaires ennemies, le ministre de la guerre von Stein, invoqua dans une interview accordée au mois de mai 1917 à un journaliste argentin : « On ne pouvait, lui dit-il, laisser aux ennemis des travailleurs pour l'agriculture et les munitions; aussi, n'avons-nous pas évacué seulement des jeunes filles, mais toute la population apte au travail. Pour la même raison, nous avons pris tous les métaux, étain, zinc, fer, cuivre, qui eussent servi à l'industrie de guerre de nos adversaires. Quant à la destruction de tous les arbres, même des arbres fruitiers, elle a eu lieu afin d'empêcher les troupes franco-anglaises de s'abriter sous leur feuillage et d'être ainsi invisibles aux aviateurs. » Mais M. von Stein a prétendu, de plus, que les attentats des armées germaniques n'avaient en aucune manière méconnu les règles de la convention de La Haye sur l'occupation du territoire ennemi, car au moment où ils étaient perpétrés les lieux qui en constituaient le théâtre n'étaient plus territoire occupé, mais territoire d'opérations. (V. le *Temps* du 18 mai 1917, p. 3.)

Ces allégations du ministre sont purement spécieuses. Un territoire ne cesse d'être un territoire occupé pour devenir un territoire d'opérations que si le belligérant sous l'autorité duquel il se trouve voit son pouvoir

rendus inaptes à toute production future, les sources et les puits empoisonnés. Les habitants, relativement peu nombreux, qui n'ont pas été évacués en arrière, ont été laissés avec une ration de vivres minime, alors que l'ennemi s'est emparé des stocks provenant de la Commission neutre de ravitaillement destinés à cette population civile. Il s'agit là, non pas d'actes destinés à entraver les opérations de nos armées, mais de dévastations n'ayant aucun rapport avec cet objet et ayant pour but de ruiner, pour de longues années, une des régions les plus fertiles de la France. »

En vérité, on pouvait admettre que, rompant et prenant du large pour éviter le combat, l'armée allemande se couvrît par des destructions militaires, fît sauter les ouvrages d'art, les voies ferrées, coupât les routes, les encombrât d'abatis, creusât des entonnoirs. De tels faits sont des actes de guerre que légitiment les rigueurs de la défense. Mais il y a loin de ces faits à la discipline de dévastation qu'elle a exercée contre une

---

de fait sur ce territoire mis en péril par la venue de troupes adverses qui lui en disputent la possession : la simple possibilité de l'arrivée de ces troupes ne saurait à elle seule transformer une région occupée en région d'opérations. Les nécessités militaires ne peuvent, d'autre part, ainsi qu'on l'a dit, en territoire occupé et même en territoire d'opérations, autoriser toutes espèces d'actes attentatoires aux personnes et aux biens : donner aux raisons d'ordre militaire le sens que leur confère le ministre von Stein, ce serait dans la réalité substituer le caprice à la justice et l'arbitraire à la loi ; l'Etat-major allemand a d'ailleurs, on l'a vu, écarté expressément, dans son Manuel de 1902, une semblable interprétation, qui a été également condamnée par les Conférences de La Haye de 1899 et de 1907. Au reste, ce n'est pas seulement pour priver l'ennemi de l'aide qu'il en pouvait recevoir que les Allemands évacuèrent dans leurs lignes ou en Allemagne les habitants des pays qu'ils entendaient abandonner ; ils utilisèrent ces habitants pour construire des retranchements destinés à barrer la route aux troupes adverses ou s'en servirent pour remplacer dans les champs, dans les mines, dans les usines de guerre, les nationaux qu'ils envoyaient sur le front de combat ; et de pareils emplois, interdits par les lois de l'humanité comme par les coutumes de la guerre les mieux établies, ne rentrent à aucun titre dans les nécessités militaires.

population désarmée, à la ruine économique de tout un pays qu'elle a voulu produire. Les attentats contre les biens et les personnes accomplis par elle ne sont pas des actes qui nécessairement doivent empêcher l'ennemi d'avancer et il est vain de supposer qu'ils hâteront sa soumission par la terreur qu'ils peuvent répandre dans tout le pays. Ici on détruit pour détruire, on fait le mal pour le mal. L'exode de la population dans les lignes de combat, le pillage et la destruction des moindres habitations, l'empoisonnement des puits et le tarissement des sources, la mutilation des arbres fruitiers, la profanation des morts ne sont pas seulement « une meurtrissure du droit public et un attentat à l'honneur international, » ils constituent vraiment, comme on l'a dit, (1) « des crimes de droit commun. » Et ces crimes dégagent une telle horreur que même certains Allemands s'en sont émus. Un soldat du 39ᵉ régiment d'infanterie, qui concourut aux destructions dans les régions de Saint-Quentin et de La Fère, écrit dans son carnet de route : « Entre Saint-Quentin et Brissay-Choigny, on fait sauter ou on incendie tous les villages. Scandaleux. Tout ce que nous démolissons se chiffre par millions. *C'est une éternelle infamie pour l'Allemagne.* » (2)

Amener la ruine définitive de la France, telle a été, en réalité, la raison véritable de l'attitude de l'Allemagne en territoire occupé. (3) En soumettant les personnes aux pires souffrances morales et physiques, elle a voulu

(1) Discours de M. Viviani, garde des Sceaux, ministre de la Justice, au Sénat français, le 31 mars 1917, *Journal officiel de la République française* du 1ᵉʳ avril 1917, séance du Sénat du 31 mars, p. 380-381.

(2) Rapporté par le journal la *Liberté.*

(3) Si, en territoire occupé, les Allemands cherchaient de toute manière à causer des dommages aux habitants, ils témoignaient dans leur propre intérêt d'un extrême souci d'économie. A Ognes, ils avaient établi dans une grande maison, à côté d'un équarrissage, une sécherie de crottins de cheval ; quand tout était tombé en poussière, ils triaient les grains d'avoine non digérés qu'ils utilisaient à nouveau. — Déclaration d'un témoin oculaire.

les exposer à la mort ou au moins détruire en elles les forces vitales qui pouvaient plus tard les rendre encore utiles à leur patrie ; en supprimant leurs biens, elle s'est proposée de tarir pour de longues années la source de l'existence économique du pays. C'est ainsi contre la nation tout entière et non pas seulement contre l'armée qu'elle a mené la guerre. L'aveu cynique en fut du reste fait à maintes reprises par les autorités allemandes. Un jour, pendant l'occupation de Noyon, une Commission d'officiers demanda au maire de la ville, M. Noël, s'il n'avait pas à se plaindre de la conduite des troupes germaniques. Témoin de toutes les atrocités que ces troupes avaient commises, M. Noël dénonça le pillage, l'incendie, la brutalité, la dévastation. Alors, au nom de la Commission, un des officiers lui dit d'un ton moqueur : « Vous retardez, Monsieur le sénateur-maire. Ce n'est pas seulement à l'armée française que nous faisons la guerre, mais aux civils, à la France tout entière, aux femmes, aux enfants comme aux hommes. Rien de ce qui pourra être fait dans le but de vous appauvrir, de vous ruiner si c'est possible, ne pourra être reproché à notre armée. » Et ce sont les mêmes paroles qui furent dites à Ham par d'autres Allemands. Comme l'adjoint au maire de cette ville, indigné des destructions sans aucune utilité militaire qu'il constatait autour de lui, était allé s'en plaindre à la Kommandantur, le chef de celle-ci lui répondit : « Pas d'utilité militaire ? Qu'est-ce que cela veut dire ? Vous ne comprendrez donc jamais, vous autres Français, que nous ne sommes pas uniquement des soldats contre des soldats, que c'est à la France que nous en voulons, que c'est [illegible] nous démolir. » (1) C'est enfin ce qu'a déclaré lui-même au mois de mai 1917, dans une interview à un journaliste argentin, le ministre

---

(1) Lettre adressée par M. le comte d'Elva, sénateur, aux populations de la Mayenne, citée dans un article de M. André Beaunier, publié par l'*Echo de Paris* du 17 mai 1917,

de la guerre von Stein : « Aujourd'hui ce ne sont pas des armées qui se trouvent face à face, ce sont des peuples. » (1) Un médecin militaire, le professeur Benneke, avait déjà dit à Noyon à la sœur Saint-Romuald, supérieure de l'hospice : « Vous n'avez pas voulu de la paix ; maintenant nous avons ordre de faire la guerre aux civils. » (2) Et, à Frétoy-le-Château, un simple soldat allemand, questionné, avait fait cette réponse non moins explicite: « Si nous exécutions tout ce qu'on nous dit de faire, ce serait bien autre chose ; nous avons ordre de ne vous laisser que vos yeux pour pleurer. » (3)

(1) V. le *Temps* du 18 mai 1917, p. 3.
(2) Rapport de la Commission d'enquête française du 12 avril 1917.
(3) Déclaration de M. Dubois. — C'est textuellement l'ordre que M. de Bismarck avait déjà donné aux troupes allemandes pendant la guerre de 1870 : « Vous ne devez, leur avait-il dit, laisser aux populations que vous traversez que leurs yeux pour pleurer. » V. D^r Le Bon, *Enseignements psychologiques de la guerre européenne*, Paris, 1916, Flammarion, édit., p. 292.

Conclusion

Cette « infamie » de l'Allemagne ne saurait demeurer sans sanctions.

Il faudra qu'à la conclusion de la paix, au point de vue pénal comme au point de vue civil, des réparations soient données pour les attentats qui auront été commis. (1)

Mais il conviendrait que, dès maintenant, on en préparât la réalisation.

(1) Sur les sanctions des infractions au droit des gens commises par l'Allemagne, V. Louis Renault, *De l'application du droit pénal aux faits de guerre*, Paris, 1915, Marchal et Godde, édit. ; Jacques Dumas, *Les sanctions pénales des crimes allemands*, Paris, 1916, Rousseau, édit. ; Pic, *Violation systématique des lois de la guerre par les Austro-Allemands : les sanctions nécessaires*, dans la *Revue générale de droit international public*, t. XXIII (1916), p. 243 et suiv. ; Mérignhac, *De la sanction des infractions au droit des gens commises, au cours de la guerre européenne, par les Empires du Centre*, dans la même *Revue* t,. XXIV (1917), p. 5 et suiv.

Un député français, M. Edouard Ignace, a déposé le 23 mars 1917, à la Chambre des députés, un projet de résolution « invitant le gouvernement à se concerter avec les gouvernements de l'Entente pour préparer la constitution d'une Haute Cour de justice des Alliés qui aura pour mission de juger les auteurs responsables des crimes et des attentats de toute nature commis par les ennemis au cours de la guerre. » (V. *Journal officiel de la République française*, Annexe n° 3163, Chambre, Documents parlementaires, 1917, p. 408).

Le 19 mai 1917, la 8e chambre correctionnelle du tribunal de la Seine, présidée par M. Masse, a rendu son jugement dans l'affaire de six intermédiaires qui avaient aidé le Syrien Gabriel Rabbat et son agence de Genève à toucher, en France, les coupons des titres volés par les Allemands en territoires envahis. On lit dans ce jugement le considérant suivant : « Attendu qu'il s'agit de vols commis par les armées allemandes en pays envahis, vols avec effractions, violences, destruction de coffres-forts, dont les auteurs devront être appelés un jour à répondre devant la justice, actes criminels que réprouvent toutes les lois humaines et toutes les conventions observées jusqu'à la guerre actuelle par les peuples civilisés. » Le tribunal a condamné l'accusé Dupraz à un an de prison, l'accusé Cabesas à six mois, Mlle Alice Béguin, l'amie de Rabbat, à six mois, les accusés Picot, Limoges et Lanier, qui faisaient défaut, à six mois également.

Il est donc à souhaiter qu'on procède sans retard à des informations et à des enquêtes judiciaires, afin de réunir avec toute la précision possible les éléments des infractions accomplies par les troupes et les autorités allemandes. (1)

« Il serait, de plus, désirable, conformément à un vœu émis par la Chambre de commerce d'Annecy au lendemain de la destruction systématique des villes et des villages français, qu'une déclaration immédiate et officielle de toutes les puissances alliées fît connaître aux ennemis que, sans préjuger des indemnités de guerre qui pourront leur être réclamées, les puissances de l'Entente prennent l'engagement d'exiger que tous les dom-

(1) Une victime des forfaits allemands, M. Lucien Arnette, propriétaire à Noyon, ayant constaté que son hôtel avait été complètement vidé par les officiers allemands qui s'y étaient installés, et que le coffre-fort qu'il avait dans une banque de la ville avait été fracturé et dépouillé des titres, bijoux, argenterie qui s'y trouvaient, a, dès que Noyon eut été repris par les troupes françaises, déposé contre ses voleurs une plainte au parquet de sa résidence. Cette plainte était ainsi rédigée dans sa partie essentielle : « A la suite de l'enquête sommaire à laquelle je me suis livré sur place, j'ai pu recueillir soit de mes domestiques, soit des voisins ou même de la municipalité des précisions suffisantes pour identifier au moins certains des principaux occupants de notre hôtel, auteurs de ces cambriolages. C'est ainsi que le grand-duc de Mecklembourg, qui avait habité notre propriété en décembre 1914, a fait rechercher, pour le faire amener à son nouveau domicile, le château de Babœuf, une partie de notre mobilier, et j'ai pu retrouver, en effet, dans ladite demeure, une bergère et une chaise Louis XVI nous appartenant. J'ai su aussi que le prince Eitel-Frédéric, et le général commandant le 9ᵉ corps d'armée allemand ont été parmi les plus actifs déménageurs, et que le lieutenant Goldenberg s'est montré fort amateur de linge, même de femme... Dans ces conditions, j'ai l'honneur de porter plainte : 1° contre le grand-duc de Mecklembourg, le prince Eitel - Frédéric, le général commandant le 9ᵉ corps allemand, le lieutenant Goldenberg pour vol et effraction en troupe à main armée, dans un lieu clos et habité, me réservant de vous soumettre tous renseignements et précisions nouveaux que je pourrais obtenir ultérieurement, et notamment la liste des objets soustraits que je suis en train d'établir; 2° contre inconnu pour vols de titres, bijoux, argenterie, etc... dérobés à la banque Cheneau et Barbier, vol dénoncé au Sénat par M. Chéron, dans son beau discours, et contre toutes les personnes que l'instruction que je vous demande de faire ouvrir révélera. »

mages causés par les occupants ennemis dans tous les pays de l'Entente et qui n'auraient pas été nécessités par des opérations strictement militaires feront l'objet d'un compte spécial : ce compte serait obligatoirement mis à la charge de toutes les villes des pays ennemis ayant une population supérieure à 5.000 habitants au moyen d'un impôt spécial, dit *impôt de dévastation*, payable pendant 20, 3o ou 4o ans, selon l'importance de la somme due et calculée avec intérêts composés jusqu'à complète libération. » (1)

Ainsi seront compensées — dans la faible mesure où elles peuvent l'être, car les morts et les souffrances morales sont sans dédommagement — les atteintes portées aux biens et aux personnes dans les régions évacuées du Nord de la France.

Au surplus, ce n'est pas seulement dans l'intérêt des victimes des cruautés allemandes, qu'il importe que celles-ci soient condamnées. C'est encore dans l'intérêt de l'humanité tout entière, pour le maintien de la civilisation, pour la défense du droit international. Ces cruautés, en effet, constituent une infraction manifeste aux règles du droit écrit, aux usages des peuples civilisés, aux exigences de la conscience publique, une violation flagrante des principes du droit des gens. Par la

(V. un article de M. Engerand, député du Calvados, dans l'*Echo de Paris* du 14 mai 1917).

M. Dubois, conseiller référendaire à la Cour des Comptes, demeurant à Paris, et propriétaire d'un château à Frétoy-le-Château, canton de Guiscard, arrondissement de Compiègne, a de même déposé, contre le prince Eitel-Frédéric et un certain nombre d'officiers allemands, une plainte en vol entre les mains du procureur de la République de Compiègne. Le juge d'instruction de Compiègne, chargé de faire une enquête sur cette plainte, a, au mois de juillet 1917, confié à M. Cail, doyen des juges d'instruction du tribunal de la Seine, le soin de recevoir la déposition de M. Dubois (V. le *Temps* du 15 juillet 1917, p. 3.) M. le conseiller Dubois a fait, le 30 juin 1917, devant la Commission d'enquête, présidée par M. Payelle, une déposition qui comprend les motifs de sa plainte. V. plus loin, p. 55, Annexe I, le texte de cette déposition.

(1) V. le journal la *Liberté* du 14 avril 1917.

façon dont elle a conduit la guerre de 1914, guerre voulue et préparée par elle, l'Allemagne s'est mise au ban des nations ; et c'est son constant mépris de la justice qui a successivement soulevé contre elle les Etats de l'Univers, les puissants comme les faibles : la guerre lui a été déclarée par les Etats-Unis d'Amérique « pour la revendication du droit, du droit humain (*the vindication of right, of human right*) » (1) et par le Siam parce qu' « elle a employé dans la conduite de ses opérations belliqueuses des procédés contraires aux principes de l'humanité en méconnaissant les droits et les accords internationaux. » (2) Ces Etats ne sont aujourd'hui que des adversaires ; ils doivent demain devenir des juges. La « Société des nations » qui naîtra à la conclusion de la paix ne peut être qu'une « Société des nations *civilisées*, » et celle-ci ne saurait compter l'Allemagne parmi ses membres que si, responsable des crimes de ses gouvernants, elle les a personnellement expiés et a donné des garanties certaines qu'elle se montrera, à l'avenir, plus soucieuse du droit et de l'honneur.

(1) Message lu le 2 avril 1917 au Congrès des Etats-Unis par le Président Wilson, afin qu'il soit déclaré que l'état de guerre existe entre l'Allemagne et les Etats-Unis d'Amérique. V. *Why we are at War. Messages to the Congress and the American People, January 22nd. to April 15th., 1917,* par Woodrow Wilson, Président des Etats-Unis, New-York, 1917, Harper, édit., p. 44-45.

(2) Déclaration de guerre du Siam à l'Allemagne en date du 22 juillet 1917.

ANNEXES

ANNEXE I

*Déposition faite sous serment, le 3o juin 1917, à Paris, par
M. M. Dubois, conseiller référendaire à la Cour des Comptes, propriétaire du château de Frétoy-le-Château, devant
la Commission d'enquête, présidée par M. Payelle, instituée par décret du 23 septembre 1914 en vue de constater
les actes commis par l'ennemi en violation du droit des
gens.*

Le 29 août 1914, les Allemands, ayant passé la Somme,
occupèrent Frétoy-le-Château, canton de Guiscard, arrondissement de Compiègne, où ils organisèrent aussitôt le pillage et
la terreur.

Les hommes en âge de porter les armes furent emprisonnés au château, puis emmenés en Allemagne ; les autres habitants furent contraints de travailler sous la surveillance de
l'ennemi et à son profit.

Puis vinrent les menaces, les extorsions d'argent. Le
maire, M. Cadet, fut condamné à huit jours de prison et à
trois cents marks d'amende parce qu'on avait trouvé un fusil
hors d'usage chez Mme Leroy, qui, elle-même, fut emprisonnée pour ce fait. Une autre fois, le maire fut éloigné de sa
demeure sous un prétexte spécieux ; à son retour, il constata
que la porte de son coffre-fort avait été défoncée ; il s'y attendait et il avait vidé son coffre-fort d'avance.

Les habitants furent successivement dépouillés ; l'ennemi
leur prit leurs bestiaux, leurs récoltes ; tous les matelas de
laine furent réquisitionnés et expédiés en Allemagne.

Souvent, en rentrant du travail, les malheureux trouvaient leurs meubles brisés et l'intérieur de leurs demeures
saccagé.

Le 13 février dernier, ce qui restait de la population valide
de 15 à 60 ans a été emmené en arrière des lignes allemandes;
des jeunes filles qui n'avaient pas encore quinze ans —
Mlles Poix et Pinart — ont été arrachées à leurs familles ; onze
filles et femmes ont subi le même sort et, à l'heure actuelle,
on est sans nouvelles de ces prisonnières civiles.

La moitié de la population a disparu ; vingt fermes, maisons ou bâtiments ont été brûlés, démolis, renversés par les explosifs[e]; les étables sont vides ; il n'y a plus de bestiaux, pas même une poule : les instruments de culture ont été mis en tas et brûlés.

Au château, les grilles sont renversées ; la plupart des arbres du parc et des avenues sont coupés ou écorcés ; les arbres fruitiers sont sciés à un mètre du sol et leurs têtes tombées à terre se sont couvertes d'une dernière floraison.

Les chaussées sont dépavées ; les douves et les étangs sont remplis de fumier, de ferrailles, d'outils agricoles, de milliers de bouteilles vides ; les aqueducs sont détruits et les eaux, ne s'écoulant plus, inondent les cours.

Les statues du parc, œuvre de Jacques Sarrazin, recteur de l'Académie de sculpture en 1650, gisent brisées au bas de leurs piédestaux. — C'est ainsi que les Allemands sauvent et protègent les œuvres d'art. — Les murs de clôture et ceux des bâtiments sont percés d'ouvertures semblables à celles qu'aurait pu produire un bombardement.

La partie la plus précieuse du mobilier du château a été emportée en Allemagne ; les quelques gros meubles qui subsistent sont rompus, défoncés ; les pieds des sièges et des tables sont sciés, et le tout est couvert de boue.

Les aménagements intérieurs sont détruits ; les cheminées de marbre sont brisées ; les trumeaux, les glaces, les peintures, les portraits historiques des d'Estourmel et des Lamoignon ont, pour la plupart, été détachés de leurs cadres à coups de hache ou troués par les baïonnettes.

De nombreux commencements d'incendie ont laissé leurs traces. Plus de seize cents vitres ont été cassées ; toutes les serrures ont été enlevées, ainsi que tout ce qui est métal ; les carrelages ont été défoncés, les dallages broyés, et toutes les tables de plomb de la toiture arrachées de telle façon et avec la volonté manifeste que l'écoulement des eaux pluviales se fasse à l'intérieur de l'habitation. Le spectable que présente la vue intérieure du château est indescriptible.

La dévastation a été aussi complète que systématique ; elle a eu lieu principalement dans les quarante-huit heures qui ont précédé la retraite de l'ennemi : ce qui prouve bien sa volonté de ne laisser derrière lui que des ruines.

Le 19 mars, je recevais la lettre suivante :

« Nous sommes délivrés ; Dieu a eu enfin pitié de nous. Les derniers Allemands ont quitté le village hier vers midi, et à deux heures arrivaient les premiers soldats français. Je n'ai pas à vous dire avec quelle joie nous les avons accueillis ; nous étions fous, on délirait. Nos cruels ennemis, en nous quittant, ont semé sur leur passage le désastre, la ruine, partout la dévastation ; toutes les nuits le ciel s'éclairait de sinistres incendies; nous étions tous étreints dans l'angoisse. Frétoy a été relativement ménagé, comparé à tant d'autres ; le château est encore debout, mais, d'après les soldats, l'intérieur est en piteux état. Messemy flambait hier .... »

Pourquoi cela ? aucune nécessité de guerre ne peut être invoquée et il n'y a pas eu de combat en ce lieu. — Un soldat allemand questionné répondit : « Si nous exécutions tout ce qu'on nous dit de faire, ce serait bien autre chose. *Nous avons ordre de ne vous laisser que vos yeux pour pleurer !* »

Et qui donnait ces ordres ? Quel était le chef dont les pauvres habitants eurent le plus à souffrir ?

Voici un témoignage : « Ils nous ont pris tout ce que nous avions avant de partir ; tous ces bandits n'ont eu aucune pitié, surtout quand le prince Eitel Friedrich est venu habiter le château ; ce sont eux qui ont fait le plus de mal à votre propriété et ils m'ont pris mon petit troupeau..., (Lettre de Denicourt, 15 mai 1917.)

Le pauvre homme aurait pu ajouter : ils m'ont tué mon fils Victor ! mais le sacrifice fait à la Patrie reste silencieusement enseveli au plus profond de son cœur.

Ainsi c'est Eitel Friedrich, prince impérial et royal de la Maison évangélique de Hohenzollern, deuxième fils de Guillaume II, qui habita Frétoy en septembre et octobre 1916, juin et juillet 1916, c'est lui qui a tout ordonné. Son père vint aussi au Frétoy le 16 mars 1915 et y passa en revue le ix⁰ corps de réserve. « J'ai vu un vieil homme tout gris, m'a dit un habitant, je l'ai vu de mon grenier, malgré la défense qui en était faite sous peine d'être fusillé. »

Nos soldats viennent de détruire l'insolent monument élevé à Frétoy sur le lieu où Guillaume II s'arrêta et passa ses troupes en revue.

Voilà les faits et voilà les responsables !

Voici les noms des différents chefs allemands qui ont commandé au château du Frétoy :

Commandant Wolf, chef du dépôt n° 1-Cavalerie, et capitaine Wieze. 1914, 1915.

Commandant von Gosseler. 1915, 1916.

Prince Eitel Friedrich, juin, juillet, septembre et octobre 1916.

Babel, chef de la division 44. Ce général quitta le château le 16 mars 1917, deux jours avant l'arrivée des Français ; c'est lui qui donna l'ordre de saccager la place avant de l'évacuer. Cet ordre fut exactement accompli par *des troupes spéciales.*

J'ai fait transporter au cimetière de l'église de Frétoy les restes du monument de la Revue du ix⁰ corps de réserve, passée par Guillaume II ; ils sont à leur place.

ANNEXE II

Déposition faite sous serment, le 30 juin 1917, à Paris, par M. V. de Marcé, conseiller référendaire à la Cour des Comptes, propriétaire du château de Carlepont, devant la Commission d'enquête, présidée par M. Payelle, instituée par décret du 23 septembre 1914 en vue de constater les actes commis par l'ennemi en violation du droit des gens.

La commune de Carlepont, dont le château m'appartient, comptait avant la guerre 1.190 habitants. Au moment du repli de l'armée allemande, il n'en restait plus un seul. Il en est revenu depuis un certain nombre, et le 17 mai dernier j'ai retrouvé dans le village cinquante personnes. En septembre 1914, tous les hommes avaient été évacués, et en janvier 1915, le surplus de la population avait été emmené.

Carlepont est très abîmé : un tiers des maisons a été détruit par le bombardement, les deux tiers ont été démolis par les Allemands ; c'est du moins ce qu'indique l'examen des ruines.

Vous avez constaté les violations de sépulture que l'ennemi a commises dans le cimetière. Le caveau de la famille suisse de Graffenried-Villars a été indignement profané, et des cercueils y ont été défoncés à coups de hache. Il est impossible d'attribuer aux effets d'un bombardement le bouleversement de cette crypte, car les murs de la chapelle qui la surmonte sont intacts, et la porte, qui n'existe plus, a été non pas brisée, mais enlevée de ses gonds.

Je dois vous signaler, en outre, une grave violation du droit des gens qui aurait pu avoir des conséquences terribles. Le 16 septembre 1914, soixante-dix vieillards, femmes et enfants ont été exposés pendant douze heures au feu des Français qui arrivaient de Chiry-Ourscamps. Sur une petite place, près de la grille de ma propriété, les Allemands en avaient fait une muraille vivante derrière laquelle ils s'abritaient, tandis que les zouaves approchaient. Les malheureux ont été ensuite enfermés dans l'église et y sont restés deux jours sans nourriture.

Mon château a été complètement dévasté. Une partie du mobilier qui le garnissait a été vue passant à Babœuf sur des voitures. Le 31 décembre 1914, le colonel du 55° d'infanterie allemande, qui logeait dans cette commune, chez Mme du Vergier, a fait emballer dans une caisse épaisse et solide une tapisserie de l'époque Louis xiv provenant de chez moi. A Cuts, des candélabres m'appartenant étaient détenus par un commandant, et à Caisnes ont été transportés les meubles d'un de mes salons.

Le pillage a été un modèle de méthode, et il n'est pas douteux qu'il ait été opéré sous la direction de spécialistes en matière d'antiquités. Dans ma salle à manger, des peintures du xviiie siècle, de grande valeur, œuvres de Moucheron, étaient incorporées au mur, comme des fresques. Six panneaux avaient été ainsi soigneusement marouflés par la maison Kiewer, qui travaille pour le Louvre. Ils ont été dégarnis avec une habileté surprenante. Le démarouflage est une opération particulièrement difficile, nécessitant l'emploi d'outils spéciaux par des ouvriers habitués à ce travail. Or, il a été fait chez moi d'une manière impeccable ; les coupures ont été pratiquées sans la moindre trace de brisure et avec une remarquable précision.

Il a été procédé de même dans le grand salon, où on m'a enlevé quatre trumeaux de Pillemans et où on a déposé les boiseries qui entouraient une toile de Houdecooter, boiseries et peintures tenant à fers et à clous. Dans cette pièce, un parquet ancien en croix de Saint-Louis a été décloué et emporté. Il ne reste ni boiseries, ni portes, ni fenêtres. Tous les marbres de cheminée intéressants et jusqu'aux plaques de fonte des foyers ont été enlevés : c'étaient des pièces armoriées du xviiie siècle.

Dans la cage du grand escalier se trouvaient quatre grandes appliques Louis xv en bois, deux anciennes et deux modernes. Les Allemands ont pris les deux anciennes et ont dédaigné les autres, me donnant ainsi une preuve de leur expérience et de leur bon goût.

Je possédais, entre autres choses, trois groupes en biscuit de Sèvres ; deux ont disparu avec le reste du mobilier ; j'ai retrouvé le troisième brisé en morceaux dans une cagna allemande.

Un antique représentant un Empereur romain, et le buste de mon grand-père, le chimiste Pelouze, ont été décapités. Les débris des socles sont demeurés épars au milieu des décombres.

Dans le potager, il ne reste plus d'arbres fruitiers : tous ont été sciés à la base ; et, dans le parc, des platanes magnifiques ont été abattus sans aucun intérêt militaire. Enfin, j'ai constaté, à l'intérieur du domaine, la disparition totale d'une maison de garde et d'un pavillon.

La partie centrale du château est démolie. Elle paraît avoir été détruite par l'effet d'une mine ; c'est, du moins, l'opinion de plusieurs officiers d'artillerie et du génie. Une certitude ne pourra toutefois être établie à cet égard qu'après le déblaiement.

TABLE DES MATIÈRES

PARIS,
IMPRIMERIE ARTISTIQUE « LUX »
131, Boulevard Saint-Michel, 131